"一带一路"沿线国家教育政策法规研究丛书

印度尼西亚、东帝汶
教育政策法规

主编 / 张德祥 李枭鹰

编译 / 齐小鹍　李枭鹰　王喜娟　向佳桦

大连理工大学出版社
Dalian University of Technology Press

图书在版编目(CIP)数据

印度尼西亚、东帝汶教育政策法规 / 齐小鹍等编译. -- 大连：大连理工大学出版社，2020.12
（"一带一路"沿线国家教育政策法规研究丛书 / 张德祥，李枭鹰主编）
ISBN 978-7-5685-2675-3

Ⅰ.①印… Ⅱ.①齐… Ⅲ.①教育政策－印度尼西亚②教育政策－东帝汶③教育法－印度尼西亚④教育法－东帝汶 Ⅳ.①D934.221.6②D934.621.6

中国版本图书馆CIP数据核字(2020)第168760号

YINDUNIXIYA DONGDIWEN
JIAOYU ZHENGCE FAGUI

大连理工大学出版社出版

地址：大连市软件园路80号 邮政编码：116023
发行：0411-84708842 邮购：0411-84708943 传真：0411-84701466
E-mail:dutp@dutp.cn URL:http://dutp.dlut.edu.cn
上海利丰雅高印刷有限公司印刷 大连理工大学出版社发行

幅面尺寸：185mm×260mm 印张：10.25 字数：208千字
2020年12月第1版 2020年12月第1次印刷

责任编辑：陈 玫 责任校对：张 岩
封面设计：奇景创意

ISBN 978-7-5685-2675-3 定 价：70.00元

本书如有印装质量问题，请与我社发行部联系更换。

总 序

共建"一带一路"是中国提出的伟大倡议,也是中国与"一带一路"沿线国家的共同愿望。"一带一路"倡议出自中国,却不只属于中国,而属于"一带一路"沿线所有国家,乃至全世界。中国是"一带一路"的倡导者和推动者,沿线所有国家是"一带一路"的共商者、共建者和共享者。

为推进共建"一带一路"伟大倡议,让古丝绸之路焕发新的生机与活力,以新的形式使亚欧非各国联系更加紧密,互利合作迈向新的历史高度,中国政府于2015年3月28日发布了《推动共建丝绸之路经济带和21世纪海上丝绸之路的愿景与行动》,强调"一带一路"是促进共同发展、实现共同繁荣的合作共赢之路,是增进理解信任、加强全方位交流的和平友谊之路。中国政府倡议,秉持和平合作、开放包容、相互借鉴、互利共赢的理念,全方位推进务实合作,打造政治互信、经济融合、文化包容的利益共同体、命运共同体和责任共同体。

为贯彻落实《推动共建丝绸之路经济带和21世纪海上丝绸之路的愿景与行动》,2016年7月13日中华人民共和国教育部牵头制定了《推进共建"一带一路"教育行动》。该文件指出,推进共建"丝绸之路经济带"和"21世纪海上丝绸之路",为推动区域教育大开放、大交流、大融合提供了大契机。"一带一路"沿线国家教育加强合作、共同行动,既是共建"一带一路"的重要组成部分,又为共建"一带一路"提供人才支撑。中国愿与沿线国家一道,扩大人文交流,加强人才培养,共同开创教育的美好明天。

自共建"一带一路"倡议提出至2019年8月底,已有136个国家和30个国际组织与中国签署了195份共建"一带一路"合作文件。"一带一路"是一个多极的和多文化的世界,无论是政治、经济、文化、教育、生态还是种族、民族、宗教、习俗等,不同国家或地区之间存在这样或那样的差异。因此,只有全面了解民间需求与广泛民意、消除误解误判,只有国家的学者、企业家、政府部门、民间组织和民众充分理解各国的国际关系、宗教信仰、历史文化、风俗习惯、法律法规和民心社情,才能更好地推动"一带一路"建设。也就是说,"一带一路"沿线国家建立政治互信、经济融合、文化包容的利益共同体、命运共同体和责任共同体,必须根基于沿线国家间的"文化理解或认同",而这又与教育尤其是高等教育的交流合作密切相关。

教育政策法规是了解一个国家教育发展状况和治理水平的重要窗口，是各国之间教育合作交流的基本依据。为此，教育部牵头制定的《推进共建"一带一路"教育行动》呼吁沿线国家"加强教育政策沟通"，即通过开展"一带一路"教育法律、政策协同研究，构建沿线各国教育政策信息交流通报机制，为沿线各国政府推进教育政策互通提供依据与建议，为沿线各国学校和社会力量开展教育合作交流提供政策咨询；积极签署双边、多边和次区域教育合作框架协议，制定沿线各国教育合作交流国际公约，逐步疏通教育合作交流政策性瓶颈，实现学分互认、学位互授联授，协力推进教育共同体建设。

大连理工大学切实贯彻《推进共建"一带一路"教育行动》的精神，精心谋划和大力支持"一带一路"教育研究。该校原党委书记张德祥教授带领课题组成员克服文本搜集、组建团队、筹措经费等多重困难，充分发挥学校高等教育研究院、"一带一路"高等教育研究中心、中俄暨独联体合作研究中心以及教育部国别和区域研究中心"独联体国家研究中心"的优势和特色，积极参与和服务于"一带一路"的推进和共建，编译"一带一路"沿线国家教育政策法规，并在国内率先开展"一带一路"沿线国家教育政策法规研究，具有很好的教育发展战略意识和强烈的服务国家发展战略的责任感和使命感。中国高等教育学会大力支持这项工作，将"'一带一路'国家高等教育政策法规研究"立项为2016年高等教育科学研究"十三五"规划重大攻关课题，并建议课题组首先聚焦于编译"一带一路"沿线国家的教育法、高等教育法以及教育中长期发展规划等，及时为国家推进共建"一带一路"教育行动搭建教育政策沟通桥梁。该课题组根据中国高等教育学会专家组的意见，组织力量，编译了这套《"一带一路"沿线国家教育政策法规研究丛书》。作为中国高等教育学界的一名老兵，看到自己的学生们带领国内一批青年学者甘于奉献、不辞辛劳、不畏艰难，率先耕耘在"一带一路"沿线国家教育研究这片土地上，我由衷地感到欣慰。同时，大连理工大学出版社全力支持这套丛书的出版，不遗余力地为丛书的出版工作提供支持，使这套丛书能及时出版发行。最后，我真诚地希望参与这项工作的师生们努力工作，高质量、高水平地把编译成果呈现给"一带一路"的教育工作者。

是为序。

潘懋元于厦门大学高等教育研究中心
2019年9月10日

前　言

2015年3月28日《推动共建丝绸之路经济带和21世纪海上丝绸之路的愿景与行动》和2016年7月13日《推进共建"一带一路"教育行动》的相继颁布，将"政策沟通"置于"五通"之首，让我们意识到编译《"一带一路"沿线国家教育政策法规研究丛书》的重要性和紧迫性。对我们来说，承担这一艰巨任务是一种考验，更是一种使命。

2016年中国高等教育学会组织申报高等教育科学研究"十三五"规划课题，将"'一带一路'背景下我国高等教育国际化研究"列入重大攻关课题指南。我们在这个框架之下组织申报的"'一带一路'国家高等教育政策法规研究"，获得了中国高等教育学会专家组的认可和支持，这对我们是极大的鞭策和鼓励。2016年11月，我们认真筹备和精心谋划，参加了中国高等教育学会组织的开题论证工作，汇报了课题的研究设想。听取了专家组的宝贵意见后，我们及时调整了课题研究重心。我们考虑首先要聚焦于编译"一带一路"沿线国家教育政策法规，因为，我们对许多国家的高等教育政策法规还不了解，国内也缺乏这方面的资料。编译这些资料既可以为我们日后的研究打下基础，也可以为其他研究者和部门进行相关研究、制定政策提供基础性的资料和参考。于是，我们调整了工作思路，即先编译，然后再进行研究。同时，考虑到许多国家的高等教育政策法规常常包括在教育政策法规中，我们的编译从"高等教育政策法规"拓展到"教育政策法规"，这种转变正好呼应了《推进共建"一带一路"教育行动》中的"政策沟通"。

主编《"一带一路"沿线国家教育政策法规研究丛书》，是一项相当繁重和极其艰辛的工作，其中的酸甜苦辣只有经历了才能体会到。第一，参与共建"一带一路"的国家相当多，截至2019年8月底，已有136个国家和30个国际组织与中国签署了共建"一带一路"合作文件。这套教育政策法规研究丛书虽然只涉及其中的69个国家，但即使是选择性地编译这些国家的教育法、高等教育法以及中长期教育发展规划等，也需要大量的人力、财力等的支持。第二，不少"一带一路"沿线国家的教育本身不够发达，与之密切关联的教育政策法规通常还在制定和健全之中，我们只能找到和编译那些现已出台的政策法规文本，抑或某些不属于政策法规却比较重要的文献。编译这类教育政策法规时，我们根据实际需要对某些文本进行了适当删减。由于编译这套丛书的工作量很大、历时较长，我们经常刚编译完某些国家旧有的教育政策法规，新的教育政策法规又出台了，我们不得不再次翻译最新的文本而舍弃旧有的文本。如此反反复复，做了不少"无用功"。即便如此，我们依然不敢担保所编译的教育政策法规是最新的。第三，"一带一路"沿线国家或地区的官方语言有80多种，涉及非通用语种70种（这套教育政策法规研究丛书涉及的69个国家，官方语言有50多种），我们竭尽全力邀请谙熟非通用语种的人士加盟，但依然还很不够。由于缺乏足够的谙熟非通用语种的人士加盟，很多教育政策法规被迫采用英文文本。在编译过程中，我们发现那些非英语国家的英文文本的表达方式与标准英文经常存在很大的出入，而且经常夹杂着这样或那样的"官方语言"或"民族语言"。这对编译工作是一个极大的挑战和考验，我们做到了尽最大努力去克服和处理。譬如，新西兰是一个特别注重原住民及其文化的国家，其教育政策法规设有专门的毛利语教育板块，因而文本中存有大量的毛利语。为了翻译这些毛利语，编译者查阅了大量有关毛利文化的书籍和文献，有时译准一个毛利语词语要花上数十天甚至更长的时间。类似的情况经常碰到，编译者们付出了难以计量的劳动，真诚地希望这套丛书的出版能给他们带来足够的精神上的慰藉。

为了顺利推进研究工作，我们围绕研究目标和研究重点，竭尽全力组建结构合理的研究团队，制订详尽的研究计划，规划时间表和线路图，及时启动研究工作，进入研究状态。大连理工大学积极参与"一带一路"建设，高度重视"一带一路"沿线国家教育研究工作，成立了"'一带一路'高等教育研究中心"、"中俄暨独联体合作研究中心"和教育部国别和区域研究中心"独联体国家研究中心"。大连理工大学、大连外国语大学、大连民族大学、杭州师范大学、广西民族大学、广西财经学院、广西职业技术学院、广西桂林市委党校、南开大学、海南大学、重庆大学、赤峰学院、天津市教育科学研究院等单位的有关专家、学者、教师、学生积极参与此项工作，没有他们的艰辛付出和辛勤劳动，编译工作将举步维艰。这项工作得到了大连理工大学出版社的大力支持，出版社的同志们不畏艰辛、不厌其烦、不计回报，为这套丛书的出版付出了难以想象的汗水和精力。对此，课题组由衷地表示感谢。

张德祥　李枭鹰
2019年9月8日

目 录

印度尼西亚 / 1

印度尼西亚共和国国民教育法 / 3
印度尼西亚共和国高等教育法 / 22

东帝汶 / 51

东帝汶国家教育战略计划(2011—2030年) / 53

附 录 / 139

附录一 推动共建丝绸之路经济带和21世纪海上丝绸之路的愿景与行动 / 141
附录二 教育部关于印发《推进共建"一带一路"教育行动》的通知 / 149

后 记 / 155

印度尼西亚

　　印度尼西亚全称印度尼西亚共和国，国土面积 1 913 578.68 平方公里，人口 2.62 亿，仅次于中国、印度、美国，居世界第四位。

　　印度尼西亚有数百个民族，其中爪哇族占 45%，巽他族占 14%，马都拉族占 7.5%，马来族占 7.5%，其他占 26%。绝大部分居民信仰伊斯兰教，是世界上穆斯林人口最多的国家。民族语言 200 多种，官方语言为印度尼西亚语。印度尼西亚是东南亚国家联盟创立国之一，也是东南亚最大经济体及二十国集团成员国。

　　印度尼西亚的农业、工业、服务业均在国民经济中发挥重要作用。印度尼西亚富含石油、天然气以及煤、锡、铝矾土、镍、铜、金、银等矿产资源。矿业在印度尼西亚的经济中占有重要地位，产值占 GDP 的 10% 左右。

注：以上资料数据参考依据为中国外交部官方网站印度尼西亚国家概况（2020 年 9 月更新）。

印度尼西亚共和国国民教育法

（2003 年第 20 号）

独一无二的真主
印度尼西亚共和国总统

（1）1945年《印度尼西亚共和国宪法》前言规定，印度尼西亚共和国政府应在独立、长久和平和社会正义的基础上，保护所有印度尼西亚公民安全和国家领土完整，促进公共福利，提高全国人民的精神文化水平，积极维护世界和平。

（2）1945年《印度尼西亚共和国宪法》规定，印度尼西亚政府基于立法框架组建并运营国民教育体系，加强民众对于全能的神的信仰与虔诚，提高民众的道德品质，由此提升全国的智力水平。

（3）国民教育体系必须确保教育机会平等，提高教育质量，提高管理的相关性和效率，以便应对地方、全国乃至全球变革带来的各种挑战，因此，需要实施精心策划、良好引导、持续推进的教育改革。

（4）1989年第2号《国民教育体系》法案已不再适用，必须进行改革和调整，以便实施教育民主化。

（5）鉴于上述第（1）（2）（3）款，制定《国民教育法》十分必要。

参考：1945年《印度尼西亚共和国宪法》第二十条、第二十一条、第二十八条C（1）款、第三十一条及第三十二条。

第一章　总则

第一条

本法案另有规定的，从其规定。

（1）"教育"指有目的、有计划地营造学习环境和学习过程，用以促进学习者开发全部潜能获取精神和宗教力量，发展自控能力、个性、智力、道德、品格以及个人、社会、民族和国家所需的技能。

(2)"国民教育"指以"潘查希拉"和1945年《印度尼西亚共和国宪法》为基础的教育,它根植于宗教价值观、印度尼西亚国家文化,并积极顺应时代变化的需要。

(3)"国民教育体系"指在追求国民教育目标的过程中,各部分相互联系、相互作用的教育整体。

(4)"学习者"指通过各级各类教育期望开发自身潜能的所有社会成员。

(5)"教育人员"指作为教育团体的一员且致力于提供教育的人员。

(6)"教育者"指根据其专业,有资格担任教师、讲师、顾问、学习指导、高级讲师、导师的人员及其他有资格提供教育的人员。

(7)"教育形式"指在教育过程中根据既定教育目标开发学习者潜能的媒介。

(8)"教育阶段"指根据学习者的发展水平、预期目标和待开发的能力确定的教育时段。

(9)"教育类型"指基于教育机构、教育目标的特征形成的教育集群。

(10)"教育机构"指各级各类提供正规、非正规和非正式教育的教育服务机构。

(11)"正规教育"指结构化的包括基础教育、中等教育和高等教育的教育形式。

(12)"非正规教育"指按结构或一定阶段实施的正规教育以外的教育。

(13)"非正式教育"指家庭教育和环境教育。

(14)"幼儿教育"指从出生到6岁的教育,它可以促进儿童身心的成长与发展,以便为其接受下一阶段的教育做准备。

(15)"远程教育"指在学习者与教育者分离的环境中通过信息通信技术和其他媒介提供的教育。

(16)"社区教育"指基于宗教、社会、文化、社会期望和潜能差异由社区提供的教育。

(17)"国家教育标准"指印度尼西亚共和国境内教育体系的最低标准。

(18)"义务教育"指由中央政府和地方政府提供的所有印度尼西亚公民必须接受的最低限度的教育。

(19)"课程"指关于目标、内容、教材以及为实现既定教育目标开展教育活动的一套计划和规章。

(20)"学习"指在特定学习环境中学习者、教育者和学习资源之间的互动过程。

(21)"评价"指对各级各类教育所有组成部分进行控制、保证和确定教育质量的过程,是作为教育供给的一种问责。

(22)"认证"指根据既定标准评价教育机构和项目的可行性。

(23)"教育资源"指在实施教育过程中使用的所有事物,包括教育人员、团体、经费、设施和设备。

(24)"教育委员会"指由从事教育的各教育团体组成的独立机构。

(25)"学校委员会"(伊斯兰学校)指由家长(儿童监护人)、学校团体和社会人士组成的独立机构。

(26)"公民"指居住于印度尼西亚境内外的印度尼西亚公民。

(27)"社区"指非政府组织的且积极参与教育活动的印度尼西亚公民团体。

(28)"政府"指中央政府。

(29)"地方政府"指省、区或市政府。

(30)"部长"指负责国家教育事务的部长。

第二章 基础、职能与目标

第二条

国民教育以"潘查希拉"和1945年《印度尼西亚共和国宪法》为基准。

第三条

国民教育职能是通过发展国家的能力、品格和文明提高国民智力水平,以及发展学习者的潜能使之信仰和敬畏独一无二的真主,拥有道德、高尚的品格、健康、知识、能力、创造力,独立以及成为民主且尽责的公民。

第三章 教育供给的原则

第四条

(1)教育应在人权、宗教价值观、文化价值观和国家多元主义的基础上民主、平等、无歧视地实施。

(2)教育应由具有开放和多重意义的系统机构负责实施。

(3)教育是终身向学习者注入文化价值观和赋权的过程。

(4)教育的实施应遵循学习过程中的模仿、激励和创造力等原则。

(5)教育应发展所有社会成员的读、写、算能力。

(6)教育通过赋予社会各阶层参与教育实施和质量控制的权力而展开。

第四章 公民、家长、社会、政府和地方政府的权利与义务

第一部分 公民的权利与义务

第五条

(1)所有印度尼西亚公民均享有同等接受优质教育的权利。

(2)在身体、情绪、精神、智力和社交方面存在缺陷的公民享有接受特殊教育的权利。

(3)居住于偏远或欠发达地区和孤立地区的公民有权接受特殊教育。

(4)智力超常尤其是有天赋的公民有权接受特殊教育。

(5)所有公民均有权接受终身教育。

第六条

(1) 所有 7～15 岁的公民均有权接受基础教育。

(2) 所有公民均有义务确保完成学业。

第二部分　家长的权利与义务

第七条

(1) 家长有权参与选择教育机构和获取关于其子女教育情况的信息。

(2) 义务教育阶段儿童的家长,有义务确保其子女接受基础教育。

第三部分　社会的权利与义务

第八条

社会有权参与教育项目的规划、实施、监督和评价。

第九条

社会应为教育实施提供必需的资源。

第四部分　政府和地方政府的权利与义务

第十条

政府和地方政府有权根据生效的条例对教育实施进行引导、监督、协助和监控。

第十一条

(1) 政府和地方政府应提供服务和设施,并确保每位公民均可不受歧视地接受优质教育。

(2) 政府和地方政府应确保所有 7～15 岁印度尼西亚公民的教育经费。

第五章　学习者

第十二条

(1) 教育机构内的所有学习者均有权:

① 根据其宗教信仰,接受由具有相同宗教信仰的教育者实施的宗教教育;

② 根据其才能、兴趣和能力接受教育;

③ 成绩优异但家庭经济困难的学生可接受奖学金;

④ 如果家长难以负担学费,可接受助学金;

⑤ 在同级的情况下转校和转换教育形式;

⑥ 根据个人学习速度完成学业但不得超过规定时限。

(2) 教育机构内的所有学习者均有义务:

① 遵守教育规范,确保教育过程的实施和教育成功;

②通过支付规定费用参与教育实施,根据生效的条例免除费用的学习者除外;

(3)外国公民可在印度尼西亚共和国境内组建的教育机构内学习;

(4)实施上述第(1)(2)和(3)款关于学习者权利与义务的规定,应由政府条例做出进一步的规定。

第六章　教育形式、阶段以及类型

第一部分　总则

第十三条

(1)教育形式包括正规教育、非正规教育、非正式教育,三者可相互补充、相互促进。

(2)上述第(1)款实施的教育可通过开放教育系统面授或远程教育来提供。

第十四条

教育阶段包括基础教育、中等教育和高等教育。

第十五条

教育类型包括普通教育、职业教育、学术教育、专业教育、职业技术教育、宗教教育和特殊教育。

第十六条

各种形式、阶段和类型的教育均可利用政府、地方政府和社区建立的教育机构来实施。

第二部分　基础教育

第十七条

(1)基础教育是中等教育的基础。

(2)基础教育的实施机构包括小学(伊斯兰教初级小学或其他同级学校)和初级中学(伊斯兰教初级中学或其他同级学校)。

(3)实施上述第(1)(2)款关于基础教育的规定,应由政府条例做出进一步的规定。

第三部分　中等教育

第十八条

(1)中等教育是基础教育的延续。

(2)中等教育包括普通中等教育和职业中等教育。

(3)中等教育机构的实施机构包括高级普通中学(伊斯兰教高级普通中学以及其他同级学校)和高级职业中学(伊斯兰教职业高中以及其他同级学校)。

(4)实施上述第(1)(2)款关于中等教育的规定,应由政府条例做出进一步的规定。

第四部分 高等教育

第十九条

(1)高等教育是指中等教育之后的教育,它包括由高等教育机构提供的文凭及学士、硕士、专业研究生和博士学位课程。

(2)高等教育体系应具有弹性。

第二十条

(1)高等教育机构的形式主要有专科院校、理工学院、专业学院、研究所或综合大学。

(2)高等院校应提供教育、研究和社会服务。

(3)高等院校应开设学术、专业或职业技术课程。

(4)实施上述第(1)(2)(3)款关于高等教育机构的规定,应由政府条例做出进一步的规定。

第二十一条

(1)符合规定条件且有能力提供一定学位课程的高等教育机构,可根据其提供的学位课程授予学术性、专业性或职业技术性学位。

(2)高等教育机构以外的个人、组织或教育提供者不得授予学术性、专业性或职业技术性学位。

(3)学术性、专业性或职业技术性学位仅限高等教育机构中正当获得学位的毕业生使用。

(4)基于高等教育机构学术性、专业性或职业技术性学位获得的头衔,只能在相关机构接收的表格和缩写中使用。

(5)不符合上述第(1)款规定的教育提供者,或根据上述第(2)款规定并非高等教育机构的教育提供者,应对其进行行政处罚,并责成终止提供服务。

(6)不符合上述第(1)(2)款规定的教育提供者,其授予的学术性、专业性或职业技术性学位将被宣布为非法。

(7)实施上述第(1)(2)(3)(4)(5)(6)款关于学术性、专业性或职业技术性学位的规定,应由政府条例做出进一步的规定。

第二十二条

拥有博士授予权的大学、学院和高等教育机构可向在科学、技术、社会、宗教、文化或艺术领域具有重大贡献的个人授予名誉博士学位。

第二十三条

(1)大学、学院和高等教育机构的教授,应根据有效的现行条例进行任命。

(2)大学教授的学衔只在当事人在高等教育机构内任职期间有效。

第二十四条

(1)在教育实施和科学发展的过程中,高等教育机构享有追求知识的自由、学术自由和科学自治。

(2)高等教育机构作为高等教育、科学研究和社会服务的中心,享有管理自主权。

(3)高等教育机构可从社会筹集资金,但必须接受公众问责。

(4)实施上述第(1)(2)(3)款关于高等教育机构的规定,应由政府条例做出进一步的规定。

第二十五条

(1)所有高等教育机构均应制定授予学术性、专业性或职业技术性学位的条件。

(2)如果毕业生的学位论文出现剽窃的情况,那么,其获得的学术性、专业性或职业技术性学位将被撤销。

(3)实施上述第(1)(2)款关于获得和撤销学术性、专业性或职业技术性学位条件的规定,应由政府条例做出进一步的规定。

第五部分　非正规教育

第二十六条

(1)非正规教育主要面向具有教育需求的社会人员,其职能是替代、补充和完善正规教育,以便促进终身教育。

(2)非正规教育的目的是发展学习者的潜能,尤其是获取知识和功能性技能的能力以及发展个性和端正专业态度。

(3)非正规教育包括生活技能教育、幼儿教育、青少年教育、妇女权益教育、扫盲教育、职业培训和实习、同类项目和其他以发展学习者能力为核心的教育。

(4)非正规教育机构包括培训中心和学院、学校小组、社区学习中心、宗教诵经会和其他类似的教育机构。

(5)培训中心和学院主要面向社会人员,其需要获得知识、能力、生活技能和态度来发展其个性、专业性、职业道德、创业精神,为继续接受教育做准备。

(6)非正规教育的成绩在由政府或地方政府任命的机构根据国家教育标准评估通过后,与正规教育的成绩享有同等效力。

(7)实施上述第(1)(2)(3)(4)(5)(6)款关于非正规教育的规定,应由政府条例做出进一步的规定。

第六部分　非正式教育

第二十七条

(1)非正式教育是由家庭和环境提供的一种自学教育。

(2)上述第(1)款提及的非正式教育,如果根据国家教育标准成功通过评估,其与正规教育和非正规教育享有同等效力。

(3)实施上述第(1)(2)款关于非正式教育的规定,应由政府条例做出进一步的规定。

第七部分　幼儿教育

第二十八条

(1)幼儿教育先于基础教育。

(2)幼儿教育可通过正规教育、非正规教育和非正式教育来实施。

(3)正规幼儿教育主要是由幼儿园或其他类似机构提供的教育。

(4)非正规幼儿教育主要是由托儿所、保育中心或其他类似机构提供的教育。

(5)非正式幼儿教育主要指家庭教育或环境教育。

(6)实施上述第(1)(2)(3)(4)款关于幼儿教育的规定,应由政府条例做出进一步的规定。

第八部分　在职教育

第二十九条

(1)在职教育主要指由相关政府部门或其他政府机构提供的专业教育。

(2)在职教育主要为了提高相关政府部门或其他政府机构下属公务人员和后备人员的履职能力。

(3)在职教育可通过正规教育和非正规教育两种形式实施。

(4)实施上述第(1)(2)(3)款关于在职教育的规定,应由政府条例做出进一步的规定。

第九部分　宗教教育

第三十条

(1)宗教教育是指由政府或归属同一宗教信仰的团体依法提供的教育。

(2)宗教教育旨在帮助学习者成为理解和践行宗教价值观及拥有宗教研究相关知识的社会人员。

(3)宗教教育可通过正规教育、非正规教育和非正式教育三种形式进行。

(4)宗教教育机构有丹尼亚(音译,属于伊斯兰教教育机构)、古兰经学馆巴斯拉曼(音译,属于印度教教育机构)、巴哈加沙弥(音译,属于佛教教育机构)以及其他类似的教育机构。

(5)实施上述第(1)(2)(3)(4)款关于宗教教育的规定,应由政府条例做出进一步的规定。

第十部分　远程教育

第三十一条

(1)远程教育可采用各种形式、阶段和类型。

(2)远程教育旨在向难以参加面授课程或常规班级授课的社会人员提供教育服务。

(3)在学习设施和服务的支持下,远程教育可采用任何形式,同时确保毕业生质量的评估体系与国民教育一致。

(4)实施上述第(1)(2)(3)款关于远程教育的规定,应由政府条例做出进一步的规定。

第十一部分　特殊教育和特殊服务教育

第三十二条

(1)特殊教育是面向由于身体、情绪、精神和社交缺陷而存在学习困难的学习者的教育。

(2)特殊服务教育是面向偏远和欠发达地区、孤立地区的学习者,以及遭受自然灾害、具有社交缺陷、存在经济困难的学习者的教育。

(3)实施上述第(1)(2)款关于特殊教育和特殊服务教育的规定,应由政府条例做出进一步的规定。

第七章　教学媒介

第三十三条

(1)国民教育的教学语言是作为国家语言的印度尼西亚语。

(2)地方语言可在教育的早期阶段传授特定知识和技能时作为教学语言使用。

(3)外语可作为教学媒介来发展学习者的能力。

第八章　义务教育

第三十四条

(1)所有年满6周岁的公民均须接受义务性的基础教育。

(2)中央和地方政府应确保至少免费提供义务性的基础教育。

(3)义务教育是国家的责任,它应由政府、地方政府和社会提供。

(4)实施上述第(1)(2)(3)款关于义务教育的规定,应由政府条例做出进一步的规定。

第九章　国家教育标准

第三十五条

(1)国家教育标准包括需要系统且定期改进的内容、流程、毕业要求、教育人员、设施和设备、管理、经费和教育评估的标准。

(2)国家教育标准应作为开发课程、发展教育人员、提供设施和设备、管理和经费的指南。

(3)应由质量保证机构负责开发、监测和报告国家教育标准的进展情况。

(4)实施上述第(1)(2)(3)款关于国家教育标准的规定,应由政府条例做出进一步的规定。

第十章　课程

第三十六条

(1)课程开发应基于国家教育标准,致力于实现国家教育目标。

(2)各级各类教育课程的开发应遵循多样性的原则,各阶段及类型教育的课程设置坚持多样化原则,以适应教育机构、地方和学习者的潜能。

(3)课程开发应在国家统一原则下依照各阶段教育实施,且需考虑以下因素:

①增进信仰与敬畏;

②提高品德;

③提高学习者的潜能、智力和兴趣;

④促进区域潜能和环境的多样性;

⑤区域和国家发展的需要;

⑥劳动力市场的需求;

⑦科学、技术和艺术的发展;

⑧宗教;

⑨全球发展动态;

⑩国家统一和民族价值观。

(4)实施上述第(1)(2)(3)款关于课程开发的规定,应由政府条例做出进一步的规定。

第三十七条

(1)基础和中等教育课程必须包括:

①宗教教育;

②公民教育;

③语言;

④数学;

⑤科学;

⑥社会科学;

⑦艺术与文化;

⑧体育与运动;

⑨职业技能;

⑩地方知识。

(2)高等教育课程必须包括：

①宗教教育；

②公民教育；

③语言。

(3)实施上述第(1)(2)款关于课程内容的规定,应由政府条例做出进一步的规定。

第三十八条

(1)政府确定基础和中等教育的课程框架和结构。

(2)应在教育部或省级以及负责基础教育的市区一级负责中等教育的宗教事务部的协调和监督下由各教育组织、机构和学校委员会负责开发基础和中等教育课程。

(3)高等教育课程,应由相关高等教育机构参考各课程的国家教育标准进行开发。

(4)高等教育机构的基本框架和课程结构,应由相关高等教育机构参考各课程的国家教育标准后负责确定。

第十一章 教育者和教育人员

第三十九条

(1)教育人员应履行行政、组织、发展、监督和技术服务等职责,以便促进教育机构教育工作的开展。

(2)教育者是专业人员,负责规划和实施教育过程,评估教学效果,提供咨询和培训并开展研究和社区服务,尤其是高等教育机构的教育者。

第四十条

(1)教育者和教育人员有权：

①获得体面的职业薪资和足够的社会福利；

②基于职责和绩效获得认可；

③可根据提升质量的需求,获得职业发展的机会；

④在履行权责和知识产权方面接受法律保护；

⑤使用教育设施、设备和资源提高工作的效率与效能。

(2)教育者和教育人员应履行的义务如下：

①营造有意义、愉快、创新、有活力和互动的教育环境；

②在提高教育质量方面展现专业职责；

③以身作则,并维护其教育机构、专业和职位的名誉。

第四十一条

(1)教育者和教育人员可以跨自治区工作。

(2)教育人员的招聘、安排和调配,应根据正规教育机构的需求进行管理。

(3)政府和地方政府应保证教育机构引进教育者和教育人员,用于确保提供优质的教育。

(4)实施上述第(1)(2)(3)款关于教育者和教育人员的规定,应由政府条例做出进一步的规定。

第四十二条

(1)教育者应达到最低资格要求,并获得相应的教育资格认证;身体健康;具备实现国家教育目标所需的能力。

(2)正规教育、幼儿教育、基础教育、中等教育和高等教育的教育者,应毕业于获得认可的高等教育机构。

(3)实施上述第(1)(2)款关于教育者和资格标准的规定,应由政府条例做出进一步的规定。

第四十三条

(1)晋升和认证教育者和教育人员,应考虑其教育背景、经验、能力和在教育领域中的表现等。

(2)教育者的认证应由具有认证资格的高等教育机构负责组织。

(3)实施上述第(1)(2)款关于晋升、认可和认证标准的规定,应由政府条例做出进一步的规定。

第四十四条

(1)政府和地方政府负责监督和发展公私立教育机构内的教育人员。

(2)由社区提供的教育,应由社区负责监督和发展其教育机构内的教育人员。

(3)政府和地方政府应向社区管辖的正规教育机构监督和发展教育人员提供援助。

第十二章 教育设施与设备

第四十五条

(1)所有正规和非正规教育均应提供学习者发展身体、智力、社会、情绪和精神能力所需的教育设施与设备。

(2)实施上述第(1)款关于各级教育机构提供教育设施与设备标准的规定,应由政府条例做出进一步的规定。

第十三章 教育经费

第一部分 教育经费的责任

第四十六条

(1)教育经费是政府、地方政府和社会共同的责任。

(2)政府和地方政府可根据1945年《印度尼西亚共和国宪法》第三条第(4)款的规定,筹集经费。

(3)实施上述第(1)(2)款关于教育经费责任的规定,应由政府条例做出进一步的规定。

第二部分　教育经费的来源

第四十七条

(1)教育经费的来源应秉承公平、充足及可持续原则来确定。

(2)政府、地方政府和社区可根据现行条例募集可用的教育资源。

(3)实施上述第(1)(2)款关于教育经费来源的规定,应由政府条例做出进一步的规定。

第三部分　教育经费的管理

第四十八条

(1)教育经费的管理应秉承公平、高效、透明以及问责的原则。

(2)实施上述第(1)款关于教育经费管理的规定,应由政府条例做出进一步的规定。

第四部分　教育经费的分配

第四十九条

(1)除教育者的薪资和教育开支外,教育经费应至少占国家财政的20％,区财政的20％。

(2)政府任命的教师,其薪资应出自国家财政。

(3)政府分配给地方政府的教育经费根据现行的法律法规以赠送形式进行。

(4)政府和地方政府应根据现行法律以拨款形式向教育机构提供教育经费。

(5)实施上述第(1)(2)(3)(4)款关于教育经费分配的规定,应由政府条例做出进一步的规定。

第十四章　教育管理

第一部分　总则

第五十条

(1)部长负责管理国民教育体系。

(2)政府负责确定国家政策和国家标准,用于确保国家教育质量。

(3)政府和地方政府负责确定教育标准。

(4)省级政府负责实施基础和中等教育,发展相关教育人员并确保跨区、市提供教育。

(5)区、市级政府负责管理基础、中等教育以及以地方知识为基础的教育机构。

(6)高等院校可自主制定政策,并享有管理自主权。

(7)实施上述第(1)(2)(3)(4)(5)(6)款关于教育管理的规定,应由政府条例做出进一步的规定。

第五十一条

(1)幼儿教育、基础教育和中等教育机构的管理,应采用学校管理原则确保建立于最低教育服务标准之上。

(2)高等教育机构的管理坚持自治、问责、质量保证和透明评价的原则。

(3)实施上述第(1)(2)款关于教育机构的规定,应由政府条例做出进一步的规定。

第五十二条

(1)非正式教育应由政府、地方政府和/或社区负责管理。

(2)实施上述第(1)款关于非正式教育管理的规定,应由政府条例做出进一步的规定。

第二部分 教育法人实体

第五十三条

(1)由政府或社区建立的正规教育机构和正规教育提供者,应采取教育法人实体的形式。

(2)第(1)款所述的教育法人实体,负责向学习者提供教育服务。

(3)第(1)款所述的教育法人实体,应是非营利性的组织,并负责管理教育机构发展所需经费。

(4)有关教育法人实体的法规,可由政府颁布的相关法律做出进一步的规定。

第十五章 社区参与教育

第一部分 总则

第五十四条

(1)社区参与教育的方式包括为个体、团体、家庭、专业协会、私营企业和社区组织提供教育服务并进行质量监控。

(2)社区参与教育活动,是教育效果的检验者和执行者。

(3)实施上述第(1)(2)款关于社区参与教育的规定,应由政府条例做出进一步的规定。

第二部分　社区教育

第五十五条

(1)基于社区利益,社区可以根据自己的宗教、社会标准和文化需要提供以社区为基础的正规和非正规教育。

(2)社区教育的提供者应参照国家教育标准设计和实施课程、评价和管理教育项目与经费。

(3)提供社区教育所需经费可由教育提供者、社区、政府、地方政府或其他渠道,在不违反现行法律的情况下提供。

(4)社区教育机构可以通过公平合理的方式从政府和/或地方政府获得技术援助、补贴和其他形式的帮助。

(5)实施上述第(1)(2)(3)(4)款关于社区教育的规定,应由政府条例做出进一步的规定。

第三部分　教育委员会和学校委员会

第五十六条

(1)社区可参与提高教育服务的质量,这包括通过教育委员会和学校委员会规划、监督和评估教育项目。

(2)教育委员会是一个独立机构,通过提出建议、指示,提供人员、设施和设备方面的支持,并在国家、地方、区一级进行监督以协助提高教育质量。

(3)学校委员会是一个独立机构,负责向教育机构提出建议、指示,提供人员、设施与设备方面的支持,并进行监督。

(4)实施上述第(1)(2)(3)款关于教育委员会和学校委员会的规定,应由政府条例做出进一步的规定。

第十六章　评估、认证和证书

第一部分　评估

第五十七条

(1)实施评估主要是为了监督和控制教育质量,作为对教育提供者进行公共问责的一种形式。

(2)应对各级各类正规和非正规教育机构内学习者的成绩和教育项目实施评估。

第五十八条

(1)教育者对学习者学习成绩进行评估,应持续监督学习者学习成绩的进程、进展并不断提高其学习成绩。

(2)独立机构将定期、全面、透明、系统地对学习者的成绩、机构和教育项目实施评估,以评价其达到国家教育标准的程度。

第五十九条

(1)政府和地方政府负责对各级各类教育机构进行评估。

(2)社区和专业组织有权建立独立的评估机构,它将根据第五十八条规定实施评估。

(3)实施上述第(1)(2)款关于评估的规定,应由政府条例做出进一步的规定。

第二部分　认证

第六十条

(1)实施认证主要是为了确定各级各类正规和非正规教育项目及教育机构的可行性。

(2)政府和独立机构应采用公共问责的形式对项目和教育机构进行认证。

(3)认证应基于透明的标准。

(4)实施上述第(1)(2)款关于认证的规定,应由政府条例做出进一步的规定。

第三部分　证书

第六十一条

(1)证书的形式主要有文凭和能力证书。

(2)授予学习者文凭,是对其学习成绩和通过由认证教育机构组织的考试,完成教育阶段的一种认可。

(3)能力证书应由教育提供者和培训中心授予学习者,作为其通过由认证教育机构或专业认证机构实施的能力考试获得特定工作的一种认可。

(4)实施上述第(1)(2)(3)款关于证书的规定,应由政府条例做出进一步的规定。

第十七章　教育机构建立的标准

第六十二条

(1)所有正规和非正规教育机构的建立均应获得政府或地方政府的许可。

(2)获得许可的条件包括教育内容、教育者和教育人员的数量和资格、教育设施设备、教育经费、评估与认证体系、管理与教育流程。

(3)政府和地方政府可根据现行法律授予或撤销组建教育机构的许可。

(4)实施上述第(1)(2)(3)款关于建立教育机构标准的规定,应由政府条例做出进一步的规定。

第六十三条

由印度尼西亚共和国外交使团在国外建立和管理的教育机构,均应遵从本法案规定。

第十八章　关于国外教育机构的规定

第六十四条

印度尼西亚共和国境内由外国外交使团建立的面向外国公民的教育机构,在征得印度尼西亚共和国政府的同意后,可采用相关可用的规定。

第六十五条

(1)获得认证或认可的外国教育机构,可根据现行法律在印度尼西亚共和国境内开展教育活动。

(2)基础和中等教育阶段的外国教育机构应向印度尼西亚学习者提供宗教和公民教育。

(3)如果有印度尼西亚组织者和教育者的参与,外国教育机构应与印度尼西亚教育机构在印度尼西亚境内联合提供外国教育项目。

(4)在印度尼西亚共和国境内开展采用外国教育体系的教育活动,应遵从现行法律。

(5)实施上述第(1)(2)(3)(4)款关于外国教育机构提供教育的规定,应由政府条例做出进一步的规定。

第十九章　监督

第六十六条

(1)政府、地方政府、教育委员会和学校委员会应在各自管辖范围内负责监督各级各类教育的实施。

(2)实施第(1)款提及的监督,应坚持透明、公共问责的原则。

(3)实施上述第(1)款关于监督的规定,应由政府条例做出进一步的规定。

第二十章　法律责任

第六十七条

(1)如果个人、组织或教育提供者非法授予文凭,能力证书,学术、专业、职业和技术文凭或学位,将被处以最高十年的监禁和最高1 000 000 000卢比(10亿卢比)的罚款。

(2)根据第二十一条第(5)款规定责成终止提供服务的高等教育提供者,如果继续运营,将被处以最高十年的监禁和最高1 000 000 000卢比(10亿卢比)的罚款。

(3)被授予教授学衔的教育提供者,如果违反了第二十三条第(1)款的规定,将被处以最高十年的监禁和最高 1 000 000 000 卢比(10 亿卢比)的罚款。

(4)远程教育的提供者,如果未能达到第三十一条第(3)款所列条件的规定,将被处以最高十年的监禁和最高 1 000 000 000 卢比(10 亿卢比)的罚款。

第六十八条

(1)任何人员,如果协助未达到规定条件的高等教育机构授予文凭,能力证书,学术、专业、职业和技术文凭或学位,将被处以最高五年的监禁和最高 500 000 000 卢比(5 亿卢比)的罚款。

(2)任何人员,如果擅自更改根据第二十一条第(4)款规定的形式和内容,将被处以最高两年的监禁和最高 200 000 000 卢比(2 亿卢比)的罚款。

(3)任何人员,如果擅自更改根据第二十三条第(1)(2)款获得教授学衔的形式或内容,将被处以最高五年的监禁和最高 500 000 000 卢比(5 亿卢比)的罚款。

第六十九条

(1)任何人员,如果使用伪造的文凭,能力证书,学术、专业、职业和技术文凭或学位,将被处以最高五年的监禁和最高 500 000 000 卢比(5 亿卢比)的罚款。

(2)任何人员,如果违反第六十一条第(1)(2)(3)款的规定,蓄意使用伪造的文凭或能力证书,将被处以最高五年的监禁和最高 500 000 000 卢比(5 亿卢比)的罚款。

第七十条

如果毕业生违反第二十五条第(2)款的规定,学位论文存在剽窃情况,将被处以最高两年的监禁和最高 200 000 000 卢比(2 亿卢比)的罚款。

第七十一条

如果违反第六十二条第(1)款的规定,在未获得政府和地方政府许可的情况下建立教育机构,将被处以最高十年的监禁和最高 1 000 000 000 卢比(10 亿卢比)的罚款。

第二十一章 过渡性规定

第七十二条

在本法案生效之时,如果根据第五十三条规定正规教育机构尚为法人实体,那么,该机构可继续运营至教育法人实体相关法律颁布实施之日。

第七十三条

自本法案生效之日起的两年内,政府和地方政府应向正规教育机构颁发许可证。

第七十四条

为实施 1989 年第 2 号《国家教育体系》法案制定的所有条例,如果在本法案生效前已经实行,那么,只要这些条例不违反本法案的规定和未被其他条例所取代,可继续生效。

第二十二章 结语

第七十五条

为实施本法案所需的所有条例,应在本法案生效后的两年内制定完成。

第七十六条

自本法案生效之日起,1960年第48号《教育监督和外国教育法》以及1989年第2号《国家教育体系法》自动失效。

第七十七条

本法案自公布之日起开始生效。

为了便于公众知悉,政府将在印度尼西亚共和国政府公报上正式公布本法案。

印度尼西亚共和国高等教育法

(1999年第60号)

第一章　总则

第一条

本法相关概念的含义如下：

(1)高等教育是指中等教育之上的更高一级的教育。

(2)高等院校是高等教育的组成部分。

(3)学术性教育是指以科学研究与发展为主要方向的高等教育。

(4)职业教育是指以提供特殊的应用技能为主要方向的高等教育。

(5)讲师是指专门承担教学主要任务的高等院校教育工作者或教育人员。

(6)大学生是指已登记注册并在一定高等院校学习的受教育者。

(7)章程是实施方案与活动的基本准则，是计划、项目建设、实施与高等教育目标相关活动的参考。其中，包括总则、学术条例、高等院校相关运行程序条目的实施等。

(8)高等院校领导是指大学、大专院校的校长，高等院校的主任，工艺部及学术部的主任。

(9)高等院校管理部门是指负责管理高等院校的教育与文化部、教育与文化部之外的部门或其他政府机构。社会机构负责管理私立高等院校。

(10)学术团体是由高等院校的教师和学生组成的学术组织。

(11)主管部门是指负责管理高等院校的教育与文化部。

(12)部长是指负责国民教育方面的领导。

(13)其他部长或政府机构领导是指负责除管理高等院校的教育与文化部之外的其他部门的领导。

第二章　高等教育的目的

第二条

(1)高等教育的目的：

①将受教育者培养成有学术能力的社会成员，或培养成掌握特殊科学、技术及艺术能力的专业人士；

②发展并普及科学、技术及艺术,并争取将其应用于提高社会生活水平、丰富民族文化。

(2)实施该法案是为了达到上述第(1)款和以下方面的目的:

①国家教育;

②准则、品德及科学道德;

③社会重要性;

④兴趣爱好、能力及个人的主观能动性。

第三章　高等教育的实施

第三条

(1)高等院校实施高等教育和科学研究。

(2)高等教育是一项争取能让人类享受教育成果的活动,如第二条第(1)款所述。

(3)科学研究是一种遵守道德的调查和研究,为的是在科学、技术及艺术方面寻求真理、解决问题。

(4)利用科学服务社会,为建设更美好的社会做出贡献。

第四条

(1)高等教育包括普通高等教育和职业高等教育。

(2)高等院校类型有学院、工艺学院、高等职业学院、大专院校以及大学等。

(3)普通高等教育是指以提高科学能力为主要方向的高等教育。

(4)职业高等教育是指以提供特殊应用技能为主要方向的高等教育。

第五条

(1)普通高等教育包括本科教育和本科后教育。

(2)本科后教育包括硕士教育和博士教育。

(3)职业高等教育包括一级等级证书教育、二级等级证书教育、三级等级证书教育和四级等级证书教育。

(4)普通高等教育和职业高等教育实行面对面或远程管理。

(5)教育与文化部部长负责制定上述第(1)(2)(3)(4)款的方针。

第六条

(1)高等院校是实施高等教育的机构,包括学院、工艺学院、高等职业学院、大专院校以及大学等类型。

(2)学院负责专业教育,如负责一个或部分分支的科学、技术和特定的艺术专业教育。

(3)工艺学院负责某些特定领域知识的专业教育。

(4)高等职业学院负责一门特定学科范围内的学术教育和专业教育。

(5)大专院校负责科学、技术和艺术等学科综合的学术型和专业型教育。

(6)大学负责科学、技术及特定工艺的学科综合的学术型和专业型教育。

第七条

(1)印度尼西亚语可作为一种教学工具运用于高等院校。

(2)在必要的范围内,地方语言可用作教学语言,用以传播知识和培训与当地有关的语言技能。

(3)在必要的范围内,外语可用作教学语言,用以传播知识和培训技能。

(4)教育与文化部部长决定上述第(3)款的实施方针。

第八条

(1)高等教育的学年从9月开始。

(2)高等教育的学年分为2个学期,每学期至少16周。

(3)普通高等教育和职业高等教育课程结束后举行毕业典礼。

(4)上述第(1)(2)(3)款由各高等院校领导贯彻执行。

第九条

(1)高等院校的教学管理采用学分制。

(2)教育与文化部部长决定上述第(1)款的实施方针。

第十条

(1)高等院校在组织学习过程中,要挖掘学生的自主学习能力。

(2)高等院校可举行讲座、研讨会、座谈会、小组讨论会和其他科教实践活动。

第十一条

(1)高等院校组织、挑选、招收及管理新生。

(2)高等院校招收新生不分性别、宗教、民族、种族、社会地位和经济能力水平,要充分考虑与高等教育相关的特殊性。

(3)国外公民可以成为印度尼西亚高等院校的大学生。

(4)各高等院校领导决定上述第(1)款和第(2)款的实施方针;教育与文化部部长决定上述第(3)款的实施方针。

第十二条

高等院校可由政府教育部门建立,比如教育与文化部及其他相关部门或其他政府机构。高等院校也可由民间教育机构建立。

第四章 课程

第十三条

(1)高等教育课程要在各高等院校课程的基础上设置。

(2)国家要指导上述第(1)款提到的课程的实施。

(3)由教育与文化部部长统筹国家如何指导课程实施。

第十四条

高等院校每一个学习计划的任务和时间由教育与文化部部长安排。

第五章　学习成绩的评定

第十五条

(1)可通过定期考试、检查任务完成情况、观察大学生活动和学习进度进行评估。

(2)考查学生可通过学期考试、期末考试、学士论文、硕士论文及博士论文等方式。

(3)评估某些特定领域的本科课程学习成果,可以不采用本科论文方式。

(4)学习成绩分为 A、B、C、D、E 五个等级,分别代表 4、3、2、1、0 分。

(5)上述(1)(2)(3)(4)款由各高等院校的评议会制定实施。

第十六条

(1)任一本科课程学习计划的期末考试包括综合测试、论文或学士论文。

(2)为获得硕士学位,学习结束时的学习成果评定要求审查硕士论文。

(3)为获得博士学位,学习结束时的学习成果评定要求审查博士论文。

第六章　学术自由

第十七条

(1)学术自由包括学术交流自由以及科学自由。全校师生拥有学术自由的权利,拥有自由开展教育活动及负责并独立开展与科学、技术发展相关活动的权利。

(2)高等院校的领导要努力争取和保证每一位师生在符合个人愿望和科学规定与原则的情况下,独立自由地完成工作和完成职务范围内的学术活动。

(3)在开展第(1)款所述的学术活动时,每一位师生都必须努力提高与高等院校相关的学术成果的水平。

(4)在坚持学术自由时,每一位师生必须以个人名义对实施的活动负责,且其成果必须符合科学的规定与原则。

(5)在开展第(1)款提到的学术活动时,高等院校的领导要允许使用高等院校的资源,所有这些活动开展的前提是不能为了个人利益而伤害他人。

第十八条

(1)学术交流自由是学术自由的一部分,在可能的条件下应使教师在遵循科学规定和原则的基础上能自由表达自己的思想和见解。

(2)在学术自由的情况下,高等院校可以邀请来自大学以外的有关专家按照科学的规范和原则表达思想和意见。

第十九条

(1)确保学术自由要稳定发展学术自身,包括科学、技术及艺术。
(2)高等院校学术自由实施规则必须遵守上述第(1)款的规定。

第二十条

(1)科学、技术、高等院校及个人学术的发展必须遵循科学自由原则。
(2)高等院校评议会或教务委员会的组织和管理是科学自由权的表现形式。与高等院校相关的大学评议会管理和组织高等院校,是为了实现科学自由。

第七章　高等院校的毕业生称号及学位

第二十一条

(1)普通高等教育院校的毕业生,可以赋予学术学位的使用权。
(2)职业高等教育院校的毕业生,可以赋予专业学位的使用权。
(3)学术学位是指学士学位、硕士学位和博士学位。

第二十二条

(1)学士学位和硕士学位称号放在获得称号者的名字之后,用 S 代表学士学位,用 M 代表硕士学位,S 或 M 后加其获得学士或硕士学位领域的简称。
(2)博士学位称号放在获得称号者的名字之后,用 Dr. 代表博士学位。
(3)完成一级文凭课程的毕业生可获得主要专业职业学位,完成二级文凭课程的毕业生可获得较低一级的专业职业学位,完成三级文凭课程的毕业生可获得中等级别的专业职业学位,完成四级文凭课程的毕业生可获得应用科学文学职业学位,学位获得者有权在名字后使用有关的职业教育学位称号。
(4)上述第(1)(2)(3)款提到的各种学位称号、名称、缩写,由教育与文化部部长制定。

第二十三条

(1)获得外国学位或从外国高等学校毕业的学生仍旧使用毕业国的学位模式。
(2)被改编或翻译成印度尼西亚当地大学学位称号的外国大学生的学位称号不被承认。
(3)在印度尼西亚毕业的学生的学位称号被改编或翻译成外国高等学校的学位称号不被承认。

第二十四条

授予学位或称号资格的条件包括:
(1)必须完成某一学术教育和职业教育的所有课程学习。
(2)学生在完成课程学习的同时要承担行政及财务责任。

第二十五条

(1)名誉博士(荣誉博士)可以授予对科学、技术、文化、社会或人类做出了杰出贡献的人。

(2)名誉博士称号由学院评议会审查,并由大学(学院)审定。

(3)只有拥有博士学位授予权的单位才有权授予名誉博士学位。

(4)名誉博士学位的提名、授予和提议程序由教育与文化部部长规定。

第二十六条

通过合法方式取得的学位及称号,不能撤销或废除。

第八章　高等院校的组成部分

第一部分　总则

第二十七条

高等院校由以下几部分组成:

(1)监护委员会。

(2)领导。

(3)师资力量。

(4)高等院校评议会。

(5)教育实施机构:

①教学方面;

②科研方面;

③服务社会方面。

(6)行政实施机构。

(7)配套设施:

①图书馆;

②实验室;

③活动场所;

④试验园;

⑤计算机中心;

⑥支持高等教育有关的学术教育或职业教育的其他必要设施。

第二十八条

(1)监护委员会包括社会权威人士,目的是培养人才并帮助解决与高等院校有关的问题。

(2)监护委员会的成员从相关高等院校领导中遴选。

(3)监护委员会的管理者从其成员中遴选。

第二十九条

(1)高等院校的领导作为主要负责人,一方面要按照办学方向实施政策,另一方面在高等院校评议会决定的基础上制定高等院校规则、规范和基准。

(2)上述第(1)款包含的内容如下:

①教育与文化部部长负责高等院校学术方面的领导工作;

②教育与文化部部长、其他机构部长及其他政府机构的领导负责公立高等院校行政及财务方面的领导工作。与高等院校有关的机构负责高等院校行政及财务方面的领导工作。

(3)协助高等院校领导完成任务的人有:

①在学术方面,大学或学院的副院长;

②高等院校的主席;

③学术及科研的主任助理。

第三十条

(1)高等院校评议会是遵守相关准则的机构,是与高等院校有关的最高代表机构。

(2)高等院校评议会的主要任务:

①制定学术政策,发展高等教育;

②制定学术成就以及个人技能评估政策;

③制定管理高等教育的规范和标准;

④对高等院校领导提出的收入与支出预算进行审议和批准;

⑤对高等院校领导的责任问责,评估已经实施的政策;

⑥制定并实施与高等院校有关的学术自由、学术交流自由和科学自由政策;

⑦评估高等院校管理者的候选人,合格者提拔为高等院校的校长、主席或董事长,担任学术职务的见习讲师可提名为正式讲师;

⑧对学术界实施相关的准则,对满足大学或学院条件的讲师授予荣誉博士称号。

(3)高等院校评议会包括教授、高等院校的领导、院长和见习讲师。

(4)高等院校评议会由校长、主席、董事长主持,由一名从评议会成员中选出的秘书协助工作。

(5)在实施任务的过程中,高等院校评议会以高等院校评议会成员组成的委员会的形式存在,必要时可以增加其他成员。

(6)高等院校评议会会议决定的法规要运用到与高等院校相关的法规中。

(7)高等院校评议会负责解释高等学校章程中的工作单位任务实施的细则和所有高等学校体制内的职位。

第三十一条

(1)在教育领域,高等学校的学术实施者可为学院、专业或实验室。

(2)学院是针对一门或一类科学、技术或特定工艺实施学术和职业教育的机构。

(3)专业是针对一门或一类科学、技术或特定工艺实施学术和职业教育的领域。

(4)实验室和工作室辅助学院实施学术和职业教育。

第三十二条

(1)开设学术教育的高等学校,学术研究是其学术活动的一部分。

(2)开设职业教育的高等学校,职业研究是其教育活动的一部分。

(3)上述第(1)款的学术研究可在实验室、专业、院系及科研中心进行。

(4)跨专业的、跨领域的或更多领域的研究可以在研究中心进行。

第三十三条

(1)高等学校的行政实施机构不仅要提供技术服务,还要管理高等学校的各项事务,其中包括对学术问题、财政事务、公共事务、学生事务、学校规划和信息系统的管理。

(2)按照上述第(1)款规定,行政实施机构的领导由相关高等院校的领导直接负责。

第三十四条

(1)高等院校的辅助性设施可以帮助院校完善院系、专业及实验室以外的教育、科研、社会贡献等方面。

(2)上述第(1)款所述的高等院校的辅助性设施包括图书馆、计算机中心、实验室、试验园、工作间,以及学术教育和职业教育所需要的其他形式的辅助设施。

(3)按照第上述(1)款所规定,相关高等院校领导是辅助性设施的负责人,此负责人必须对高等学校的辅助性设施负直接责任。

第二部分 大学或学院

第三十五条

大学或学院的组成:

①领导:校长和副校长;

②大学或者学院评议会;

③学术实施机构:院系、研究院及社会服务机构;

④行政实施机构:处(局);

⑤辅助性设施:技术实施单位;

⑥其他要素。

第三十六条

大学或学院由校长管理,副校长协助管理学术、公共行政和学生工作等方面事务。

第三十七条

(1)大学或学院的校长负责管理教育、科研及社会服务等方面事务,培养与大学或学院相关的教师资源、高等教育人才和行政管理人才。

(2)如果大学或学院的校长临时缺席,负责学术活动的副校长将作为代理校长。

(3)如果校长无法再担任其职务,高等院校要在选举新的校长以前委任一位代理校长。

第三十八条

(1)大学或学院的副校长直接向该大学或学院的校长负责。

(2)大学或学院负责学术方面的副校长协助校长管理教育、科研和社会服务方面的事务。

(3)大学或学院负责公共行政管理的副校长协助校长处理财政和公共行政管理方面的事务。

(4)大学或学院负责学生事务的副校长协助校长处理学生培养方面以及大学生的福利服务方面的事务。

第三十九条

(1)通过相关的大学或学院评议会评议后,总统根据教育与文化部部长、其他部部长以及其他政府领导机构的提案,决定任命或罢免公立大学或学院的校长。

(2)通过相关的大学或学院评议会评议后,由相关的大学或学院组织机构决定任命和罢免私立大学或学院的校长。

(3)如果大学或学院的校长的任命程序不符合条件或委任过程没有遵循现有的规定,教育与文化部部长可以要求大学或学院的组织机构重新委任。

(4)私立大学或学院组织机构的领导和成员不可以在相关大学或院校担任领导。

(5)公立大学或学院副校长的任命和罢免通过大学或学院评议会评议后由校长决定。

(6)私立大学或学院副校长的任命和罢免通过大学或学院评议会和大学或学院组织机构的评议后由校长决定。

第四十条

(1)大学或学院的校长和副校长的任期为四年。

(2)校长和副校长可以延任,但不可超过两个任期。

第四十一条

(1)大学或学院的评议会不仅是该大学的相关准则机构,还是大学或学院的最高代表机构。

(2)大学或学院评议会的主要任务:

①制定教育政策,发展大学或学院;

②制定关于全校师生学术成就及个人技能的评估政策;

③执行高等教育管理的准则和基准;

④对大学或学院领导提出的收入及支出预算规划进行评估和审议;

⑤对大学或学院领导已实施的方针政策进行评估;

⑥制定与大学或学院相关的学术自由、学术交流自由和科学自由方面的实施细则；

⑦对被提议的校长候选人和讲师以上级别的学术职位的候选人进行评议，并上报给该校的组织机构；

⑧制定针对全校师生的实施准则；

⑨向满足条件的大学或学院的教授授予名誉教授的称号。

(3)大学或学院评议会的成员包括教授、大学或学院领导、院长、代理院长和其他已被评议会指定的人。

(4)大学或学院评议会由校长主持，同时由从大学或学院评议会各成员中选出的一位书记来协助领导。

(5)在执行任务时，大学或学院评议会可以以委员会小组的形式执行任务，其成员可以按需增加。

(6)大学或学院评议会的决定要落实到大学或学院中。

(7)由大学或学院评议会负责解释大学或学院章程中的工作单位实施任务的细则和大学或学院体制内的所有职位。

第四十二条

(1)科研中心是大学或学院实施学术教育和进行调查与科研活动的机构。

(2)科研中心的建立必须符合本校的科研需求、能力需求，最重要的是要符合人力资源储备。

(3)科研中心人员由该大学或学院的领导、研究人员和行政人员组成。

(4)研究院的领导负责对接科研中心的领导，如果没有研究院，大学或学院的校长负责对接科研中心的领导。

第四十三条

(1)研究院是指在大学或学院范围内实施合作、协助及评估科研活动的机构，研究院还负责管理科研中心并寻找和控制所需的行政资源。

(2)大学或学院至少要有四个相关的科研中心才可设立研究院。

(3)研究院成员包括领导、专家和行政人员。

(4)校长负责并任命研究院的领导。

第四十四条

(1)大学或学院通过开设学院、研究中心、专业、实验室等机构服务社会。全校师生也可以以集体或个人的方式进行社会服务活动。

(2)服务社会的机构是大学或学院达成目标的元素之一，目的是管理服务社会的活动以及寻找和控制所需的行政资源。

(3)大学或学院社会服务机构的建立应符合本大学或学院的需求和能力。

(4)大学或学院的社会服务机构由领导、专家和管理人员组成。

(5)校长负责任命社会服务机构的领导。

第四十五条

大学的学院组成：

（1）领导：院长及副院长；

（2）院系评议会；

（3）学术实施机构：专业、实验室和教师；

（4）行政实施机构：管理部门。

第四十六条

（1）院系由学院的院长领导，副院长协助管理。副院长包括学术方面的副院长、公共行政方面的副院长和学生事务方面的副院长。

（2）院长指导本院的教育、研究和社会服务活动的实施，培养教师资源、高等教育人才、行政管理人才。院长向本校校长负责。

（3）副院长向院长负责。

第四十七条

（1）院长和副院长的任期为四年。

（2）院长和副院长可以延任，但不可超过两个任期。

第四十八条

（1）公立高等院校院系院长的任命和罢免由校长通过该院系评议会评议后决定。

（2）私立高等院校院系院长的任命和罢免由校长通过该院系评议会评议后决定，此过程必须根据该大学或学院相关章程进行。

（3）公立高等院校院系副院长的任命和罢免由校长听取该院院长的建议后决定。

（4）私立高等院校院系副院长的任命和罢免由校长听取该院院长的建议后决定，此过程必须根据该高等院校相关章程进行。

第四十九条

（1）院系评议会的决议是该学院的行为标准，院系评议会是该院的最高代表机构。院系评议会有权阐明与该院系相关的大学或学院政策和规章制度。

（2）评议会的主要工作：

①制定学院的学术方针；

②制定评估教师学术成就及个人技能的政策；

③制定实施该学院管理的准则和基准；

④根据第①项评估学院领导学术工作的水平；

⑤院系评议会对被提议担任学院领导的候选人进行评议，并把评议结果上报给大学或学院的领导。

（3）院系评议会由教授、学院领导、各专业主任、部分主任、教师代表组成。

（4）院系评议会由院长领导，并由一位从成员中选出的秘书协助管理。

第五十条

(1)系是实施学术教育或专业教育的单位。如果条件满足,可以在科学、技术、特定工艺方面建立一个分支或进行部分研究生的研究活动。

(2)系可以拥有实验室或工作室。

(3)系的组成部分:

①领导:系主任;

②学术实施者:大学教师。

(4)主任领导该系,其秘书协助管理。

(5)主任向领导该系的院长直接负责。

(6)主任和主任秘书任期为四年,可以延任。

(7)如果该系拥有相应的实验室、工作室,实验室和工作室由系主任领导。

(8)系主任和主任秘书,以及实验室或工作室主任的任命和罢免,由该校校长听取评议会评议后根据院长提议决定。

第五十一条

实验室或工作室由一位满足条件的专业教师领导,该教师必须符合科学、技术、特定工艺方面的其中一个要求。该实验室或工作室的主任对教师负责。

第五十二条

(1)学习活动的实施由学习活动组长或系主任指导。

(2)直属学术实施单位的领导对学习活动组长负责。

(3)学习活动组长的任命由校长根据直属学术实施单位领导的提议决定。

(4)学习活动组长的任期为四年,可以延任。

第五十三条

(1)满足条件的系可开设研究生学习项目。

(2)教育与文化部部长拟定开设研究生学习项目需要满足的条件。

第五十四条

(1)开设研究生学习项目的大学或学院可任命一位主任来管理。

(2)该主任的任命和罢免由校长在大学或学院的评议会后决定。

(3)该主任对校长负责。

(4)该主任任期为四年,可以延任,但延任不可超过两个任期。

(5)为了保证教育质量,该主任要协调好所有的学习项目。

(6)跨专业性质的项目由该项目的主任负责。

第五十五条

(1)大学或学院的实施管理单位以处(局)的形式存在。

(2)处长领导整个处,并向校长负责。

(3)处的设置如下：
①学术管理处；
②财政管理处；
③公共行政管理处；
④学生事务管理处；
⑤信息体系及规划管理处。

第五十六条

(1)为了实施高等教育，每所大学或学院都要拥有图书馆、计算机中心、实验室或工作室及所需的其他辅助性设施。

(2)辅助性设施以技术实施单位的形式存在，它由被提名的领导负责，此领导向该校校长负责。

第五十七条

(1)满足规定条件并经过教育与文化部部长同意后，高等院校可以实施远程高等教育。

(2)由教育与文化部部长拟定上述第(1)款的实施规定。

第三部分　高等职业学院

第五十八条

(1)高等职业学院是实施职业教育、专业教育的高等院校。

(2)根据上述第(1)款，开办实施专业教育的高等职业学院的条件由教育与文化部部长拟定。

第五十九条

高等职业学院的组成部分：
①领导：院长和副院长；
②高等职业学院评议会；
③学术实施机构：系、科研中心、社会服务机构、实验室、工作室；
④行政实施机构：管理部门；
⑤辅助性机构：技术实施单位；
⑥其他所需机构。

第六十条

高等职业学院由院长领导，副院长协助管理。副院长包括学术领域的副院长、公共管理领域的副院长和处理学生事务的副院长。

第六十一条

(1)高等职业学院的院长指导教育、科研、社会服务的实施，并且要培育教师资源、大学生、行政管理人才，院长还要负责与其有联系的高等职业学院的行政管理事务。

(2)若高等职业学院的院长临时缺席,负责学术领域的副院长将作为代理院长。

(3)如果院长无法再担任其职务,高等职业学院要在选举新的院长之前委任一位代理院长。

第六十二条

(1)副院长直接向院长负责。

(2)学术领域的副院长协助院长管理教育、科研和社会服务方面的事务。

(3)公共管理领域的副院长协助院长管理财政和公共管理方面的事务。

(4)处理学生事务的副院长协助院长培养大学生,处理学生福利服务方面的问题。

第六十三条

(1)公立高等职业学院院长的任命和罢免,由教育与文化部部长、其他部部长或政府机构的其他领导在该高等学校评议会后决定。

(2)私立高等职业学院院长的任命和罢免,由该学院的组织机构听取评议会的评议后决定。

(3)如果院长的任命没有满足相关条件或委任过程没有满足现行的规定,教育与文化部部长可以要求组织机构对院长重新任命。

(4)公立高等职业学院副院长的任命和罢免,由院长听取评议会的评议后决定。

(5)私立高等职业学院副院长的任命和罢免,由院长听取评议会和组织机构的评议后决定。

(6)高等职业学院组织机构的领导或成员,不可以担任该学校的领导。

第六十四条

(1)院长和副院长的任期为四年。

(2)院长和副院长可以延任,但不可超过两个任期。

第六十五条

(1)高等职业学院的评议会是遵守准则的机构,是与高等职业学院有关的最高代表机构。

(2)高等职业学院评议会的主要任务有:

①制定学术政策,发展高等职业学院;

②制定学术成就以及个人技能的评估政策;

③制定高等职业学院管理的规范和标准;

④对高等职业学院领导提出的收入与支出预算进行审议和批准;

⑤对高等职业学院领导问责,评估已经实施的政策;

⑥制定并实施与高等职业学院有关的学术自由、学术交流自由、科学自由政策;

⑦评估高等职业学院管理者的候选人,合格者提拔为高等职业学院院长,担任学术职务的见习讲师可提名为正式讲师;

⑧制定并维护对全校师生有效的准则。

(3)高等职业学院评议会由院长、副院长、系主任、教师代表和由高等职业学院评议会规定的其他成员组成。

(4)高等职业学院的评议会由院长主持,由一名从评议会成员中选出的秘书协助工作。

(5)在实施任务的过程中,高等职业学院评议会可以以由高等职业学院评议会成员组成的委员会的形式存在,必要时可增加其他成员。

(6)高等职业学院评议会的决定要落实到与高等职业学院相关的规定中。

(7)高等职业学院评议会负责解释高等职业学院章程中的工作单位实施任务的细则和高等职业学院体制内的所有职位细则。

第六十六条

(1)系是实施学术教育和专业教育的机构。如果条件满足,可以在科学、技术、特定工艺方面建立一个分支或进行大部分学生的研究活动。

(2)系可以拥有实验室或者工作室。

(3)系的组成部分:

①领导:系主任;

②学术实施者:大学教师。

(4)主任领导该系,秘书协助管理。

(5)主任向该系院长直接负责。

(6)主任和主任秘书任期为四年,可以延任。

(7)如果该系拥有相应的实验室、工作室,实验室和工作室由系主任领导。

(8)系主任和主任秘书,以及实验室或工作室主任的任命和罢免,由高等职业学院院长听取评议会评议后根据院长提议决定。

第六十七条

实验室或工作室由一位满足条件的专业教师领导,条件是该教师必须符合科学、技术、特定艺术方面的其中一个要求。该实验室或工作室主任对教师负责。

第六十八条

(1)学习活动的实施由学习活动组长或系主任指导。

(2)直属学术实施单位的领导对学习活动组长负责。

(3)学习活动组长的任命由院长根据直属学术实施单位领导的提议决定。

(4)学习活动组长的任期为四年,可以延任。

第六十九条

(1)满足条件的系可开设研究生学习项目。

(2)教育与文化部部长拟定开设研究生学习项目需要满足的条件。

第七十条

(1)高等职业学院可以任命一位主任管理研究生学习项目。

(2)主任的任命和罢免由院长根据高等职业学院评议会评议决定。

(3)该主任向院长负责。

(4)该主任任期为四年,可以延任,但延任不可超过两个任期。

(5)为了保证教育质量,主任要协调好所有的学习项目。

(6)跨专业性质的项目由该项目的主任负责。

第七十一条

(1)高等职业学院的行政执行机构的组成:学术行政部门、学生事务部门、公共行政部门。

(2)上述第(1)款所指的行政执行机构由院长任命的一名负责人领导,该负责人向院长负责。

第七十二条

(1)高等职业学院的辅助机构是技术执行机构,由以下几部分组成:图书馆、计算机中心、实验室和高等职业学院所需的其他辅助设施。

(2)上述第(1)款所指的辅助机构由院长任命的一名负责人领导,该负责人向院长负责。

第四部分 工艺学院

第七十三条

(1)工艺学院进行职业教育。

(2)工艺学院进行职业教育的条件由教育与文化部部长规定。

第七十四条

工艺学院的组成部分:

①领导:院长及副院长;

②工艺学院评议会;

③学术实施机构:系、实验室或工作室、教师以及科研中心和社会服务中心;

④行政实施机构:管理部门;

⑤辅助性设施:技术实施机构;

⑥其他所需机构。

第七十五条

工艺学院由一位院长领导,副院长协助管理。副院长包括学术领域的副院长、公共管理领域的副院长和处理学生事务的副院长。

第七十六条

(1)工艺学院的院长指导教育、科研、社会服务的实施,并且要培育教师资源、大学生、行政管理人才,院长还要负责与其有联系的工艺学院的行政管理。

(2)若工艺学院的院长临时缺席,则由负责学术领域的副院长代理。

(3)若院长已经离职,工艺学院的组织机构要在选举新的院长之前委任一位代理院长。

第七十七条

(1)副院长直接向院长负责。

(2)学术领域的副院长协助院长管理教育、科研和社会服务方面的事务。

(3)公共管理领域的副院长协助院长处理财政和公共管理方面的事务。

(4)处理学生事务的副院长协助院长培养大学生,处理学生福利服务方面的问题。

第七十八条

(1)公立工艺学院院长的任命和罢免,由教育与文化部部长、其他部部长或政府机构的其他领导在该工艺学院评议会后决定。

(2)私立工艺学院院长的任命和罢免,由该学院的组织机构听取评议会的意见后决定。

(3)如果院长的任命没有满足相关条件或委任过程没有满足现行的规定,教育与文化部部长可以要求组织机构对院长重新任命。

(4)公立工艺学院副院长的任命和罢免,由院长听取评议会的评议后决定。

(5)私立工艺学院副院长的任命和罢免,由院长听取评议会和组织机构的评议后决定。

(6)工艺学院的组织机构的领导或成员不可以担任该学校的领导。

第七十九条

(1)院长和副院长的任期为四年。

(2)院长和副院长可以延任,但不可超过两个任期。

第八十条

(1)工艺学院评议会是遵守相关准则的机构,是与工艺学院有关的最高代表机构。

(2)工艺学院评议会的主要任务:

①制定学术政策,发展工艺学院;

②制定学术成就以及个人技能的评估政策;

③制定工艺学院管理的规范和标准;

④对工艺学院领导提出的收入与支出预算进行审议和批准;

⑤对工艺学院领导问责,评估已经实施的政策;

⑥制定并实施与工艺学院有关的学术自由、学术交流自由、科学自由政策;

⑦评估工艺学院管理者的候选人,合格者提拔为工艺学院的院长,担任学术职务的见习讲师可提名为正式讲师;

⑧制定并维护对全校师生有效的准则。

（3）工艺学院评议会由院长、副院长、系主任、教师代表和由工艺学院评议会规定的其他成员组成。

（4）工艺学院的评议会由院长主持，由一名从评议会成员中选出的秘书协助工作。

（5）在实施任务的过程中，工艺学院评议会可以以由工艺学院评议会成员组成的委员会的形式存在，必要时可增加其他成员。

（6）工艺学院评议会会议的决定要运用到与工艺学院相关的规定中。

（7）工艺学院评议会负责解释工艺学院章程中的工作单位实施任务的细则和工艺学院体制内的所有职位细则。

第八十一条

（1）系是实施学术教育和专业教育的机构，或者说是在科学、技术、特定工艺方面的一个分支。

（2）系可以拥有实验室或者工作室。

（3）系的组成部分：

①领导：系主任；

②学术实施者：大学教师。

（4）主任领导该系，秘书协助管理。

（5）主任向院长直接负责。

（6）主任和主任秘书任期为四年，可以延任。

（7）如果该系拥有相应的实验室、工作室，实验室和工作室由系主任领导。

（8）系主任和主任秘书以及实验室或工作室主任的任命和罢免，由工艺学院的院长听取评议会的评议后根据院长提议决定。

第八十二条

实验室或工作室由一位满足条件的专业教师领导，条件是该教师必须符合科学、技术、特定工艺方面的其中一个要求。该实验室或工作室主任对教师负责。

第八十三条

（1）学习活动的实施由学习活动组长或系主任指导。

（2）直属学术实施单位的领导对学习活动组长负责。

（3）学习活动组长的任命由院长根据直属学术实施单位领导的提议决定。

（4）学习活动组长的任期为四年，可延任。

第八十四条

（1）工艺学院行政执行机构的组成：学术行政部门、学生事务部门、公共行政部门。

（2）上述第（1）款所指的行政执行机构由院长任命的一名负责人领导，该负责人向院长负责。

第八十五条

(1)工艺学院的辅助机构是技术执行机构,由以下几部分组成:图书馆、计算机中心、实验室和工艺学院所需的其他辅助设施。

(2)上述第(1)款所指的辅助机构由院长任命的一名负责人领导,该负责人向院长负责。

第五部分　大专院校

第八十六条

(1)大专院校进行职业教育。

(2)大专院校进行职业教育的条件由教育与文化部部长规定。

第八十七条

大专院校的组成部分:

①领导:院长及副院长;

②大专院校评议会;

③学术执行机构:系、实验室或工作室、教师以及科研中心和社会服务中心;

④行政实施机构:管理部门;

⑤辅助性设施:技术实施机构;

⑥其他所需机构。

第八十八条

大专院校由一位院长领导,副院长协助管理。副院长包括学术领域的副院长、公共管理领域的副院长和处理学生事务的副院长。

第八十九条

(1)大专院校的院长指导教育、科研、社会服务的实施,并且要培育教师资源、大学生、行政管理人才,院长还要负责与其有联系的大专院校的行政管理。

(2)如大专院校的院长临时缺席,则由负责学术领域的副院长代理。

(3)如院长已经离职,大专院校的组织机构要在选举新的院长之前委任一位代理院长。

第九十条

(1)副院长直接向院长负责。

(2)学术领域的副院长协助院长管理教育、科研和社会服务方面的事务。

(3)公共管理领域的副院长协助院长管理财政和公共管理方面的事务。

(4)处理学生事务的副院长协助院长培养大学生,处理学生福利服务方面的问题。

第九十一条

(1)公立大专院校院长的任命和罢免,由教育与文化部部长、其他部部长或政府机构的其他领导根据该大专院校评议会的评议决定。

(2)私立大专院校院长的任命和罢免,由该大专院校的组织机构在听取评议会的评议后决定。

(3)如果院长的任命没有满足相关条件或委任过程没有满足现行的规定,教育与文化部部长可以要求组织机构对院长重新任命。

(4)公立大专院校副院长的任命和罢免,由院长听取评议会评议后决定。

(5)私立大专院校副院长的任命和罢免,由院长听取评议会和组织机构的评议后决定。

(6)大专院校的组织机构的领导或成员不可以担任该学校的领导。

第九十二条

(1)院长和副院长的任期为四年。

(2)院长和副院长可以延任,但不可超过两个任期。

第九十三条

(1)大专院校评议会是遵守相关准则的机构,是与大专院校有关的最高代表机构。

(2)大专院校评议会的主要任务:

①制定学术政策,发展大专院校;

②制定学术成就以及个人技能的评估政策;

③制定大专院校管理的规范和标准;

④对大专院校领导提出的收入与支出预算进行审议和批准;

⑤对大专院校领导问责,评估已经实施的政策;

⑥制定并实施与大专院校有关的学术自由、学术交流自由、科学自由政策;

⑦评估大专院校管理者的候选人,合格者提拔为大专院校的院长,担任学术职务的见习讲师可提名为正式讲师;

⑧制定并维护对全校师生有效的准则。

(3)大专院校评议会由院长、副院长、系主任、教师代表和由大专院校评议会规定的其他成员组成。

(4)大专院校的评议会由院长主持,由一名从评议会成员中选出的秘书协助工作。

(5)在实施任务的过程中,大专院校评议会可以以由大专院校评议会成员组成的委员会的形式存在,必要时可增加其他成员。

(6)大专院校评议会会议决定的法规要运用到与大专院校相关的法规中。

(7)大专院校评议会负责解释大专院校章程中的工作单位实施任务的细则和大专院校体制内的所有职位细则。

第九十四条

(1)系是实施学术教育和专业教育的机构,或者说是在科学、技术、特定工艺方面的一个分支。

(2)系可以拥有实验室或者工作室。

(3)系的组成部分：

①领导：系主任；

②学术实施者：大学教师。

(4)主任领导该系，秘书协助管理。

(5)主任向院长直接负责。

(6)主任和主任秘书任期为四年，可以延任。

(7)如果该系拥有相应的实验室、工作室，实验室和工作室由系主任领导。

(8)系主任、主任秘书以及实验室或工作室主任的任命和罢免，由该大专院校院长听取评议会的评议后根据院长提议决定。

第九十五条

实验室或工作室由一位满足条件的专业教师领导，条件是该教师必须符合科学、技术、特定工艺方面的其中一个要求。该主任对教师负责。

第九十六条

(1)学习活动的实施由学习活动组长或系主任指导。

(2)直属学术实施单位的领导对学习活动组长负责。

(3)学习活动组长的任命由院长根据直属学术实施单位领导的提议决定。

(4)学习活动组长的任期为四年，可延任。

第九十七条

(1)大专院校的行政执行机构的组成：学术行政部门、学生事务部门、公共行政部门。

(2)上述第(1)款的行政执行机构由院长任命的一名负责人领导，该负责人向院长负责。

第九十八条

(1)大专院校的辅助机构是技术执行机构，由以下几部分组成：图书馆、计算机中心、实验室和大专院校所需的其他辅助设施。

(2)上述第(1)款的辅助机构由院长任命的一名负责人领导，该负责人向院长负责。

第九十九条

大专院校范围内的国防和安全细则根据现行的法律法规制定。

第六部分 高等院校各组织

第一百条

(1)各公立高等院校的组织机构、岗位、职能以及工作制度根据学校的相关章程制定，该章程由教育与文化部部长或其他部部长以及其他政府机构的领导根据相关高等院校评议会的建议制定。

(2)各私立高等院校的组织机构、岗位、职能以及工作制度根据学校的相关章程制定，该章程由高等院校的组织机构(参考第八章)根据高等院校评议会的建议制定。

第九章 师资力量

第一百零一条

(1)高等院校的师资力量由大学讲师和学术辅助人员组成。

(2)高等院校教师是指凭借自身学历及所长而被相关高等院校的管理者聘用的人,并且在任期内必须以教学为第一使命。

(3)高等院校教师可分为普通教师、外聘教师以及客座教师。

(4)普通教师是指被高等院校任命并作为相关学校固定人员的教师。

(5)外聘教师是指在相关的高等院校中不作为固定人员的教师。

(6)客座教师是指在某一时间段内被邀请到某高等院校上课的教师。

第一百零二条

(1)大学教师的层次基本上由专家助理、Ⅳ.a级讲师、Ⅳ.c级讲师以及大学教授组成。

(2)大学教师相关的职权、学术职务的聘任及解聘的基本程序根据现行的法律法规制定。

第一百零三条

任何人只能在一所大学、学院或大专院校内担任教授职务。

第一百零四条

(1)成为教授的条件:

①信仰独一无二的真主——安拉;

②了解潘查希拉(信仰真主、人道主义、民族主义、民主主义和社会公正)以及1945年颁布的《印度尼西亚共和国宪法》;

③具备担任教授的能力;

④具有较高的道德意识和正直诚实的品质;

⑤对祖国和民族的未来具有较强的责任心。

(2)除上述第(1)款提到的条件外,成为教授的条件还包括:

①至少具备讲师职称;

②具有指导博士生的学术才能。

(3)要成为教授必须得到相关大学、大专院校、学院评议会的批准。

(4)教授由教育与文化部部长根据高等院校领导提出的建议而任命,高等院校领导的建议经相关大学、大专院校、学院评议会同意提出。

(5)上述第(1)(2)(3)(4)款相关规定的贯彻执行由教育与文化部部长决定。

第一百零五条

教授职称只允许在实施与高等院校相关的教学任务时使用。

第一百零六条

(1)教授在结束其任期之后,仍可作为一种特殊的奖励再次被高等院校聘请为名誉教授。

(2)名誉教授任命的条件及其责任由教育与文化部部长规定。

第一百零七条

(1)学术辅助人员(学术性的后备力量)由科研人员、教育领域的建设人员、图书馆人员、计算机人员、实验员以及管理学习资料的技术人员组成。

(2)学术辅助人员所必备的条件、任命提升的基本程序、职权等由相关高等院校管理者根据现行的法律法规规定。

第十章 大学生和毕业生

第一百零八条

(1)成为一名大学生必须具备:

①拥有高中毕业证书;

②具有相关高等院校所必需的能力。

(2)外国公民只要满足附加的条件,通过一定的程序便可在印度尼西亚就读大学。

(3)正如在第(1)款中所提到的条件和程序一样,成为一名大学生的条件和程序由各高等院校的评议会制定。

(4)在上述第(2)款中提到的额外的条件和程序由教育与文化部部长制定。

第一百零九条

(1)大学生应有的权利:

①拥有学术自由,在符合社会道德以及标准的前提下追求和研究科学;

②按照自己的兴趣、爱好、天资、能力进行学习,以获得最好的教育和学术上的服务;

③为使学习过程顺利,可充分利用所在院校的设施;

④可以得到相关导师对自己研究项目的指导,并在其指导帮助下完成研究;

⑤获得与自己研究项目有关的信息服务及学习成果;

⑥研究项目可按照相关具体时间完成;

⑦根据现行的法律法规获得相应的福利;

⑧通过代表或学生会,利用高等学校资源去管理和组织自身的福利、要求以及社会生活;

⑨如果满足相关高等院校、专业的招生要求并且高等院校、专业有剩余名额,大学生可以转学或转专业;

⑩参加所在院校的大学生组织的活动;

⑪如果残疾可以得到特殊服务。

(2)上述第(1)款的贯彻与执行由各高等院校领导规定。

第一百一十条

(1)每位大学生必须履行的义务:

①遵守所在学校的所有规章制度;

②爱护学校的基础设施、设备,保持学校卫生,维护学校安全和秩序;

③按照学校的相关规定缴纳学费,部分免除学费的学生除外;

④重视科学、技术以及艺术知识的学习;

⑤自觉维护学校的威信和名誉;

⑥尊重民族文化。

(2)上述第(1)款的实行由高等院校领导规定。

第一百一十一条

(1)为了提高大学生的领导能力、兴趣、爱好、推理能力以及福利,各高等院校要成立各种形式的学生组织。

(2)高等院校成立的学生组织由在校学生自己创办,以为学生服务为目的。

(3)第(1)款和第(2)款的规定由教育与文化部部长制定。

第一百一十二条

(1)高等院校的毕业生是指在相关院校完成学业的学生。

(2)高等院校的毕业生可以成立校友会,其宗旨在于建立与相关院校的联系,支持毕业院校实现目标。

第十一章 设备和基础设施

第一百一十三条

(1)对由政府出资购置的设备及基础设施的管理要根据国有资产的相关管理条例规定进行。

(2)对由社会或者国外出资(国外资金主要来自其他国家的国家财政收支预算部分)购置的设备及基础设施的管理由各高等院校的领导与其评议会协商,取得一致同意后按规定进行。

(3)设备和基础设施的有效使用是为了在履行高等院校职责及功能时节约资金,设备及基础设施的使用规则由各高等院校的领导与其相关的评议会协商一致后制定。

第十二章　经费

第一百一十四条

(1)高等院校的经费来源于政府、社会以及国外。

(2)政府的资金主要来源于政府的常规预算、发展预算、根据现行法律法规给予的补贴。

(3)社会的资金主要来源于以下几个方面：

①教育建设捐款；

②学生缴纳的学费；

③根据各自院校的作用和功能签订的工作合同的收益；

④销售有关高等教育产品的收益；

⑤来自个人、政府机构以及其他非政府机构的捐赠；

⑥其他来自社会的收益。

(4)国外资金的收入与使用按照现行的法律法规贯彻执行。

(5)必须坚持不营利原则，争取增加来自社会的资金。

第一百一十五条

(1)公立高等院校在金融方面的自治权包括接收、储存、利用来自社会的资金的权力。

(2)高等院校根据现行的有关财务的法律法规进行财务公开。

(3)公立高等院校的财务公开现状由履行政府监督职能的国家机构根据现行的法律法规例行检查。

(4)私立高等院校所具有的接收、储存、利用资金的权力由其学校的经营者（创办者）根据其学校的章程规定。

第一百一十六条

(1)公立高等院校的收支预算法案要在得到学校评议会同意并由校长提出建议并由由教育与文化部部长、其他部部长或者政府机构的领导向财政部部长提出建议，最后财政部部长使其收支预算法案合法化。

(2)私立高等院校的收支预算法案要在得到学校评议会的同意并由校长向学校的有关创办机构提出建议，然后使其收支预算法案合法化。

第一百一十七条

(1)在公立高等院校中，校方领导制定收费结构以及对来自社会的资金的管理与分配程序的议案，此议案在得到学校评议会的同意后，由校长提出建议，然后通过教育与文化部部长、其他部部长、其他政府机构的领导向财政部部长提出，使议案合法化。

(2)在私立高等院校中，校方领导制定收费结构以及对来自社会的资金的管理与分配程序的议案,此议案在得到学校评议会的同意后,由校长向学校的有关创办机构提出,最后使其议案合法化。

第十三章　创办学校的条件和程序

第一百一十八条

(1)各高等学校的执行者根据以下条件创办、变更或扩增学校:
①主要的发展计划;
②课程;
③师资力量;
④学生来源;
⑤经费来源;
⑥设备和基础设施;
⑦高等院校的创办人(经营者)。
(2)上述第(1)款的实行由教育与文化部部长规定。

第一百一十九条

(1)私立高等学校除满足国家政府的规定外,创办单位必须是社会机构。
(2)除履行第一百一十八条的规定外,创办公立高等院校还须满足以下条件:
①满足高等院校的师资力量,不管是在数量上还是在质量上,特别是教育与文化部规定的数量或质量;
②在课程实施及招生方面有规定和标准,要求安排毕业生在相关的其他部门或政府机构就业;
③获得教育与文化部部长的批准。

第一百二十条

教育与文化部部长规定:创办高等院校必须满足开展远程教育这一要求。

第一百二十一条

高等院校的创办程序由教育与文化部部长制定。

第一百二十二条

(1)大学、大专院校、高等院校的创办,由总统根据教育与文化部部长提出的建议确定。
(2)创办公立的大专院校及工艺学院,要由教育与文化部部长执行,其他部部长或者其他政府机构的领导在得到政治法律安全统筹部部长及财政部部长的书面批准后方可进行。

第一百二十三条

(1)由国家创办的并且具备独立管理能力的高等院校,在它的法律地位得到确定后可成为独立的法人实体。

(2)上述第(1)款有关法人实体的规定由国家政府的法律法规规定。

第一百二十四条

私立高等院校的创办、变更由高等院校的组织机构(组织委员会)的领导在得到教育与文化部部长或其他部部长的批准后决定。

第一百二十五条

外国高等院校或其他机构,可以通过与印度尼西亚合股的形式在印度尼西亚建立新的院校或其他教育机构,但必须符合印度尼西亚高等院校创办的基本程序、条件和教育系统的规定。

第一百二十六条

凡不符合印度尼西亚政府对创办高等院校规定的院校,将不能被授予学术称号或职业称号。

第一百二十七条

教育与文化部部长有权关闭以下情况的高等学校:
(1)高等院校的条件和创办程序与国家相关法律法规不相符合的;
(2)授予的学术称号或职业称号与现行法律法规不相符合的;
(3)不符合本国法律法规规定与外国高等学校合作的。

第十四章 监督和认证

第一百二十八条

(1)教育与文化部部长确定各高等院校效率及质量监管的程序。
(2)第(1)款中的质量与各高等学校的目标、投入、过程、输出相联系,是各高等院校制度上的责任。
(3)第(2)款的质量评估由独立的鉴定机构执行。
(4)教育与文化部部长根据各高等学校质量和效率监督的结果,进一步确定各高等学校的管理措施。
(5)上述第(1)款,由教育与文化部部长执行。

第十五章 高等院校间的合作

第一百二十九条

(1)在举办学术活动时,各高等院校可以与国内外的各高等院校或其他机构建立合作关系。
(2)第(1)款的合作可以有以下几种形式:
①合同管理;

②结对帮扶项目；
③学分互认项目；
④组织学术活动时师生的交流；
⑤组织学术活动时共享资源；
⑥联合出版科学著作；
⑦组织联合讨论会或者其他学术活动；
⑧其他必要的形式。

（3）与国外高等院校以合同管理、结对帮扶项目以及学分互认项目的方式进行合作时，与第（2）款一样，大学的整个创办过程必须得到国家相关机构的认可。

（4）各高等院校间的合作，尤其是与国外的高等院校或其他机构进行合作的相关规定，如同第（1）款，由教育与文化部部长制定。

第一百三十条

高等院校在促进自身高等教育建设与发展的同时，可以帮助其他高等院校。

第十六章　法律法规的更替

第一百三十一条

只要高等院校的相关规定不违反政府的法律法规或未被政府制定的新法律法规所替代，所有关于高等院校的法律法规可以有效实施。

第十七章　法律法规的废止

第一百三十二条

从本法生效起，政府关于高等教育的1990年第30号法规（国家1990年第38号公告，第3414号国家正式文告补充）、1998年第57号国家高等教育法（国家1998年第92号公告，第3765号国家正式文告补充）修订的相关条例宣告无效。

第一百三十三条

本法案自颁布之日起生效。

为了确保所有人知悉，政府将在印度尼西亚国家政府公告中发布本法案。

东帝汶

东帝汶全称东帝汶民主共和国，国土面积 14 919 平方公里。人口 131 万，其中 78％为土著人（巴布亚人与马来人或波利尼西亚人的混血人种），20％为印度尼西亚人，2％为华人。约 91.4％的人口信奉天主教，2.6％的人口信奉基督教新教，1.7％的人口信奉伊斯兰教。德顿语和葡萄牙语为官方语言，印度尼西亚语和英语为工作语言。德顿语为通用语和主要民族语言。首都为帝力，位于帝汶岛东北海岸，人口 28.1 万，占总人口的 21.31％，是全国政治、经济和文化中心，东帝汶 80％以上的经济活动在此进行。行政区划共设 13 个地区：艾莱乌、阿伊纳罗、包考、博博纳罗、帝力、埃尔梅拉、劳滕、利基萨、马纳图托、马努法伊、欧库西、科瓦利马和维克克；区以下设 65 个县，443 个乡和 2 236 个村。

2002 年 3 月 22 日，东帝汶制宪议会通过并颁布《东帝汶民主共和国宪法》，规定东帝汶民主共和国是享有主权、独立、统一的民主法治国家，国民议会、政府和法院是国家权力机构。总统是国家元首和武装部队最高统帅，由全民直接选举产生，任期五年，可连任一届。

东帝汶政府由总理、副总理、部长、副部长和国务秘书组成，向总统和国民议会负责。总理是政府首脑，由议会中拥有最多席位的政党或政党联盟提名，并经总统任命。副总理、部长和国务秘书由总理提名，并报总统任命。

注：以上资料数据参考依据为中国外交部官方网站东帝汶国家概况（2020 年 9 月更新）。

东帝汶国家教育战略计划(2011—2030年)

前言

教育愿景

到2030年,东帝汶人民将通过接受教育提高知识水平,提升生活质量,拥有尊重和平、爱护家庭、积极传统的价值观。所有人都将拥有平等接受优质教育的机会,并能够参与经济、社会和政治发展进程,确保社会公平和民族团结。

关于学前教育

年龄在3～5周岁的儿童可根据住所就近接受学前教育。这些儿童将学习相关知识和技能,为接受基础教育做准备。家庭、社区和地方政府将参与决策过程,并通过合作努力创办符合高质量学前教育要求的学校。

关于基础教育

基础教育具有普遍性、义务性和免费性的特点。基础教育的改革将建立在以下四大学习支柱之上:学会学习、学会做事、学会共处和学会生存。

到6周岁时,所有儿童都需要开始接受基础教育。完成九年义务教育后,他们将掌握两种官方语言,第一外语为英语。掌握识字和算术技能,获得基础能力,通晓东帝汶历史和文化,拥有国家认同的核心价值观。

关于中等教育

年满15周岁的学生,有资格开始接受中等教育,学习要求的核心科学、人文以及技术知识。毕业后学生具有将掌握的知识转化为生产的能力,并准备进入劳动力市场,此外他们也可以选择进入大学或理工学院继续深造。

普通中等教育

这一阶段的教育将有利于学生掌握学习方法(学会学习),同时在语言、技术和科学方面夯实基础,这将有助于学生进行更高水平的学术研究。

中等职业技术教育

这一阶段的教育将培养学生专门的职业技术能力,侧重于获得和应用技术的能力,以确保学生有能力进入劳动力市场或进入高等教育阶段继续学习。

关于高等教育

接受高等教育的毕业生将掌握分析、设计、建设和维护东帝汶社会经济基础设施的先进技能和丰富知识。

大学

接受大学教育的学生未来将成为本专业领域和行业的领导者。学生所进入的一系列公立或私立大学将接受严格的认证程序,以此确保学生接受高标准的优质教育。

理工学院

学生将有机会接受中等后技术教育,通过学习掌握娴熟的职业技能,以维持学生自身及其家庭的开支,并为东帝汶经济发展做出相应贡献。

中等后技术教育系统的学生将接受最高标准的教育和培训,并有能力应用技术解决实际问题。

关于继续教育

在未来,高质量的正规教育系统会使青年和成年人无须进行扫盲运动和接受第二次教育。

第一章 形势分析

本章主要分析东帝汶教育现状以及教育管理中存在的主要问题。第一部分按部门划分教育体系:学前教育、基础教育、中等教育、高等教育和继续(非正规/成人)教育,确定每个部门的主要问题和关键挑战。第二部分主要介绍教育管理中存在的问题和挑战。

一、教育现状

(一)学校体系的结构

表 1.1 为东帝汶学校体系的结构。

表 1.1　　学校体系的结构

地区	地区总计	学前教育		基础教育				普通中等教育		中等职业技术教育	
				集群中心		感恩学校					
		公立	私立	公立	私立	公立	私立	公立	私立	公立	私立
艾莱乌	94	10	1	11	4	62	1	1	2	2	0
阿伊纳罗	98	4	2	17	3	64	3	2	2	1	0
包考	198	1	4	17	5	116	44	8	1	1	1

(续表)

地区	学校数量										
	地区总计	学前教育		基础教育				普通中等教育		中等职业技术教育	
				集群中心		感恩学校					
		公立	私立	公立	私立	公立	私立	公立	私立	公立	私立
博博纳罗	165	8	1	23	3	123	1	3	2	1	0
科瓦利马	123	19	0	20	6	68	5	3	1	1	0
帝力	147	14	12	14	8	59	17	11	10	2	0
埃尔梅拉	143	6	0	22	1	104	4	2	2	2	0
劳滕	100	7	0	15	2	70	3	2	0	1	0
利基萨	91	1	19	7	1	54	6	1	1	1	0
马纳图托	126	8	1	16	2	50	44	2	2	1	0
马努法伊	103	5	5	13	3	65	5	3	2	2	0
欧库西	76	3	1	9	2	50	6	2	1	2	0
维克克	130	3	7	18	3	85	4	4	3	3	0
总计	1 594	89	53	202	43	970	143	44	29	20	1
		142		245		1 113		73		21	
				1 358				94			
		1 594									

学校体系的主要特点:

(1) 学前教育中私营机构的参与程度很高:142 所学前学校中有 53 所是私人拥有或经营的(占 37%)。

(2) 基础教育中的数据显示:

① 245 个基础学校集群中心可提供三个周期(一年级至九年级)的教育;

② 1 113 所感恩学校,其中一部分学校提供第一周期的教育,另一部分则提供第一和第二周期的教育。这些感恩学校通常位于偏远地区,与基础教育学校有行政联系。

(3) 中学分布显示,普通中等学校(94 所中学中有 73 所)的数量明显高于中等职业技术学校(94 所中学中有 21 所)。

(4) 私营机构参与提供的教育数量占学校总数的 17%(1 594 所学校中有 269 所)。除去学前教育,占比为 15%(1 452 所学校中有 216 所)。

(5) 中学分布地区不均衡:南部和西部地区学校数量极少,只有 1 所私立中等职业技术学校。

(二)学校体系的新进展

近年来,东帝汶新建学校数量和入学率均有显著增长。

表 1.2 显示近年来基础教育和中等教育的发展情况以及一些重要指标:学校数量、

入学人数、教师人数、师生比例、总入学率(GER)、净入学率(NER),这些数据凸显以下情况:

基础教育前两个周期(一至六年级)的入学人数取得了显著进展。从净入学率这一指标看,增长率从 0.67(2004/2005)上升至 0.93(2010)。此外有近93%的6~12岁儿童接受基础教育,这一成果表明东帝汶在实现普及基础教育千年发展目标中取得了初步地成功。

表 1.2　　　　　　　　　　　　　　　学校体系的进展

统计	基础教育第一和第二周期						基础教育第三周期				中等教育			
	2004/2005	2005/2006	2006/2007	2007/2008	2008/2009	2010	2006/2007	2007/2008	2008/2009	2010	2006/2007	2007/2008	2008/2009	2010
学校数量	848	841	925	986	1027	1073	150	153	227	245	69	73	94	94
入学人数	147 207	164 687	191 998	206 651	218 720	230 562	39 186	51 381	60 630	60 897	25 730	28 292	33 267	41 106
教师人数	5 211	5 314	5 416	5 417	7 358	7 576	1 841	1 870	2 307	2 411	1 197	1 232	1 605	2 071
师生比例	1:28	1:31	1:35	1:38	1:29	1:30	1:21	1:27	1:26	1:25	1:21	1:23	1:21	1:20
总入学率	0.93	0.99	1.11	1.14	1.16	1.28	0.54	0.66	0.8	0.79	0.39	0.41	0.47	0.57
净入学率	0.67	0.71	0.76	0.80	0.85	0.93	0.2	0.26	0.31	0.3	0.13	0.14	0.16	0.19

这一阶段的前两个周期的总入学率应受到高度关注:这表明有很多儿童没有在适当的年龄完成学业。许多儿童留级,以致在前两个周期中出现大量的超龄学生。这些超龄学生很有可能因无法完成六年级学业而选择辍学。这是东帝汶教育面临的一项重大挑战。这一问题的严重性可以通过第三周期的净入学率(七至九年级)更加直观地看出来,其中只有30%的学生年龄是符合这个周期的年龄阶段(13~15岁)的。

基础教育和中等教育的教师人数有显著增长。

教师与学生的比例呈逐年下降趋势,2010年基础教育第一和第二周期为1:30,第三周期为1:25,中等教育为1:20,这一比例在发展中国家中可以说非常不错。然而,该表隐藏了一个现象:即在第一个周期,一个班级的人数可能超过45名。从教育的角度来看,低年级的班级规模应该是最小的。

入学人数在各年级中呈下降趋势。出现这一趋势的原因是重读学生数量过多且最终辍学。东帝汶要实现普及基础教育的千年发展目标,需要解决六年级学生的留存问题。此外,具备国家发展优先计划中所需技能这一目标的实现与六年级后学生的入学和留存问题也密切相关。

这些领域上述趋势出现的原因将会是进一步研究的主题。随着教育管理信息系统(EMIS)数据的完善和时效性的提高,可以进行更加精确的研究,这将有助于通过地区、县和学校层面的系统更好地分析学生群体的进展情况。

众所周知,东帝汶全境的地区模式各不相同。例如,总入学率最低的地区是帝力,最高的是维克克。通过对各县的数据进行分析,还能发现更大的差异。因此有关部门指出,需要在县级地区实施有效手段以增加入学人数和减少重读、辍学人数。此外,有必要以县和学校为单位绘制和监测指标。

1. 学前教育

(1)入学

2002年,有57所学前教育机构注册,并为2 904名儿童提供服务,其中包括8所公立学校和49所私立学校。1999年,有3 835名儿童接受学前教育。到2003年,接受学前教育的儿童数量下降到2 550名,减少了约1 300名儿童。在此期间,学前教师的数量在128~149名波动。

目前学前教育的规模正在大幅度扩张。2007—2008学年伊始,共有142所学前教育学校,310名教师,7 994名儿童。这意味着在3~5岁这个年龄段的儿童中可以接受学前教育的人数约占8%。这些数字并未显示出地区和县之间的重大差异。城市地区的入学率远高于农村和偏远地区。当地社区通过增加教室数量为学前教育的发展做出了重大贡献。在142所学校中,有53所是私立的、社区支持的学校。

(2)质量

目前学前教育体系的发展正处于初级阶段,关于未来发展战略和计划草案也只是初步制定。教育部制订了初步学习计划作为未来课程的基础。2006年,教育部为对6岁以下儿童服务的教师制定了学前教师能力框架,但这一框架尚未得到充分实施。2007年,教育部制定了学前认证的新指示,并与联合国儿童基金会和当地非政府组织阿罗拉基金会合作开展了一项教师培训试点方案。

目前还没有足够的数据来充分评价学前教育的质量。在某些情况下,社区承担起挑选可接受培训的教师的责任。教育部需要确立教师的最低学历资格以及私立和公立学前教育设施的标准。推行学前教师能力框架将会大有裨益。

在制定课程以及编写和批准教学指南方面,还需要做进一步的工作。有许多组织在德顿语、葡萄牙语和印度尼西亚语中开发和试验教学和学习材料,并且这些可以建立在语境化的基础上。另一个需要关注的领域是缺乏适合教学语言的学习/播放资料。

教育部计划重新启动学前教育工作组,以加强当地组织和执行伙伴之间的协调合作。预计该工作组将成为起草政策、分享经验和良好做法的平台。

为解决教师资格和绩效方面的问题,教育部引入新的教师职业制度(TCR)。2008

年建立的质量考评体系并没有将学前教育作为重点,因此需要建立相应的学前质量保证体系。2010年12月9日颁布的第22/2010号法令设立了学前教育部门,这标志着教育分部门的发展迈出了重要的一步。

(3)管理

一项全面的计划是管理改革的必要前提:

①确保全境所有地区的学校都配备充足的教室,从最贫困的地区开始,与其政府或市政机构协调,提供相应比例的教室;

②确保学前教育教师/教学助理接受相应的培训;

③确保提供学习和游戏的材料以及适当的教学设施;

④建立和实施学前管理结构和学前认证制度;

⑤制定奖励措施,鼓励家长和民间社会组织参与促进学前教育。

2. 基础教育

(1)入学

在基础教育领域,政府已有成功举措:为儿童提供更靠近其居住地的新学校,建造和翻新现有学校教室以及增加教师的供应量。2010年,第一和第二周期的净入学率为93%,这表明,学校的数量能够满足学生的需求且家长越来越支持其孩子接受教育,但是依然还有改进的空间。

2011年前,东帝汶的教育体系由小学教育(六年)、中学前教育(三年)和中学教育(三年)的六-三-三模式构成。如今,这一体系已转变为强制性的基础教育制度,其中包括前九年的基础教育,以及三年的中等教育。东帝汶独立后的十年里,集中发展基础教育,增加受儿童教育的机会(表1.3)。

表1.3 基础教育的主要成就

类别	1999/2000	2010
小学学校数量	674	1073
小学学生人数	190 000	230 562
小学教师人数	3 860	7 576
中学前学校数量	97	245
中学前学生人数	21 810	60 897
中学前教师人数	65	2 411

从1999/2000至2010年,小学学校数量增加了59%,教师人数增加了96%,学生人数增加了21%。到2010年,中学前学校的数量已经有了大幅增长,从1999年的97所增加到245所。其中202所是公立学校,43所是私立学校。入学人数从1999/2000年的21 810人大幅增加到2010年的60 897人。

由表1.3可知,东帝汶在十年里做出了相当大的努力,配备了足够数量的教师。这一进步主要体现在教师人数的增加方面,即小学教师人数从3 860人增加到7 576人(第一、第二基础教育周期)。1996年,中学前教育(现称第三周期)中只有65名东帝汶教师,其余均为印度尼西亚人。1999年,印度尼西亚教师离开东帝汶,中学前教育实际上已经崩溃,这就要求东帝汶政府要重建中学前教育的教师队伍。到2010年底,东帝汶已有2 411名长期和临时教师。

尽管基础教育的发展取得了令人瞩目的成就,但如果东帝汶要实现普及基础教育的千年发展目标,则需要解决更重大的问题,而国家教育战略计划的主要目标则是必须解决这些问题。虽然教育部意识到影响基础教育的关键问题,但如上所述,进一步研究需要假设测试,并协助确定适当的政策反应。

必须指出,与学生受教育有关的问题在某种程度上也取决于他们所受教育的质量。

(2)入学、出勤、留级和留存

与入学、出勤、留级、留存、防止辍学以及实现千年发展目标的教育指标有关的关键因素是:

①一年级适龄儿童入学人数不足

6岁儿童必须入学接受教育,但这些儿童目前的净入学率仅为79%。相较于2007年的国家净入学率43%,这是一个显著的进步。重要的是剩下的21%的6岁儿童入学并接受教育,才能够在适当的年龄阶段取得进步。

影响6岁儿童入学的因素可能包括:离学校的距离、父母缺乏子女接受教育的认识以及学校推迟入学年龄。没有机会接受学前教育的儿童也就很有可能无法做好接受基础教育的准备。

②学生不能按时出勤

虽然学校入学率一直在提高,但有数据表明,许多学生不能按时上学,并且有可能错过接受教育的机会。此外他们也有可能不得不在下一年重读。

导致贫穷学生出勤率低的因素包括:学校距离远、交通不便、暴雨等气候因素、家庭工作义务(如劳作时间)、与学校有关的费用、教师缺勤、学校用水和卫生设施、教室拥挤(特别是在小学)、校园暴力、教学质量以及与监测和促进入学率有关的学校管理行为等。

③儿童完成学业需要花费很长时间

重复率是一个主要问题,尤其是在第一周期。重复上学的时间会给学校带来不必要的成本和空间负担,并且与高辍学率和留级学生未能完成学业之间有因果关系。

在理想情况下,学生应该在六年内从第一和第二周期毕业。可实际上,学生在这些周期中平均花费了11.2年,这就造成政府的教育成本明显高于预计的水平。留级问题同样需要备受关注,解决这一问题也是当务之急。在教室里有大量的超龄儿童可能会不利于正常年龄儿童的发展。例如,女孩儿与年龄更大的男孩儿在一起上学,家长可能不愿意送女儿去上学。

学生的留级问题可能是由于学生所受教育的质量较低,包括教学语言繁杂,教室资源不足、过度拥挤,教师学科知识不足、教学方法不当、课时安排不当,出勤率低等。

目前尚未完全清楚如何决定一个学生是否已经得到充分教育可进入下一年级,学校主管、教师或家长可能会参与该决定。如果不可进入下一年级决定的依据是学生没有学到他们在本年级应该学到的东西,那么就需要把他们没有学到的原因找出来并加以解决。

目前存在的问题就是学校领导和教师缺乏有效或可靠的学生评估工具来对学生学习做出一致判断。这些工具可以正确评价学生个人的学习成果,同时这些工具所收集的数据也可以提供信息,帮助学校和教育部确定学生学习和进步的障碍,并制定解决方案。

④复读学生的辍学可能性更高

超龄学生的辍学率似乎高于适龄学生。对于明显超龄的学生可能会很不利,因为他们不得不与年龄较小的孩子一起学习,不情愿地使用为较小的孩子设计的教具以及专为早期认知发展而设计的书籍和材料。此外,一个不断复读的孩子可能会因为自尊和自信的问题,失去学习的动力。

父母通常会在送子女上学这件事上做出高度承诺,但如果他们的孩子被迫不断复读,这种承诺的意愿就会相应减轻,并且相较于在家里或工作的高效率和低成本,他们可能会选择让孩子放弃上学。同时学生本人可能也会感到沮丧,认为自己在学校浪费时间,因此他们会因无法通过考试而选择辍学。

⑤混合教学能力对教师来说是一个额外的挑战

良好的教学与学习氛围的另一个障碍是混合年龄课堂中教师混合教学的水平,这也是影响复读率的一个因素。

在理想的情况下,学生可以与同龄人一起取得成绩的进步,这些年龄组的学生具有混合能力。因此,教育部面临的一项挑战是如何促进教师的意愿,并向教师提供课堂支持以便教授混合能力课程,以此减少儿童因为重读而落后的现象。同时这也需要学校领导转变态度,加强对教师的培训。

⑥并非所有的学生都能完成六年级

千年发展目标中的具体目标三是确保儿童能够完成小学教育的全部课程,这相当于完成了东帝汶的六年级课程。这个目标与特定年龄的完成情况无关,因此从理论上讲,学生可以重复几年直到完成六年级,虽然这种情况不太可能发生。如上文所述,尽管有承诺,家长和学生最终还是会减少,学生会在完成学业之前选择辍学。有证据表明,26%的学生在升入六年级之前就辍学了。

东帝汶要实现这一目标,就必须把重点聚焦于能在六年内完成小学教育的学生。教育管理信息系统的数据与六年级学生的毕业信息的匹配需要在问题发生之前进行,并制定适当的策略以提高入学率,留住在校学生,最大限度地降低留级率和辍学率。

(3)应对人口快速增长

东帝汶是世界上人口增长率最高的国家之一。2010年的全国人口和住房普查(人口普查)的数据显示,6岁儿童的预计增长率发生了变化。根据2004年人口普查预测,教育部将教育设施、人员和资源增加三分之一(从2011年的30 000人增加到2015年的39 000人),以应对6岁儿童未来潜在人数的增加。这足以使净入学率等指标在此期间保持不变。

2010人口普查数据显示,儿童数量的增长较为平稳,6岁儿童的数量稳定在每年28 000人左右。预计2015年6岁的儿童人数为28 033人。这一数字略低于2004人口普查记录的28 450人。这标志着人口爆炸性增长结束,并将有助于教育部将更多的资源用于提高教育质量。教育部将增强其内部能力,以监测和预测今后的招生情况。

(4)性别平等

关于性别差异:女童占小学学龄人口的48%。此数据相较于1999年的所有教育周期和不同地区的性别差异显著,已经发生了很大的改观。由此可见,在基础教育方面并无显著的性别差异,这是过去十年教育界的另一项显著成就。

(5)质量

学校在教学设施建设方面取得了重要成就。然而,学生的留存率以及学生最终如何从在校时间中获益,很大程度上取决于他们接受教育的质量。教育部由此认识到为了提高教育质量,仍然需要进行实质性改革。

(6)课程

东帝汶在独立后的五年内,为提高基础教育质量做出了巨大努力,并在为一至六年级开设临时课程方面进行了大量投资。从用印度尼西亚语教学的印度尼西亚课程转变为更适合东帝汶这个新国家的课程的挑战是巨大的。不仅要改变教学内容,还要改变教学方法和教学语言。学校为一至六年级开设了一门课程,重点是相关的知识和技能,并逐步推行。对教师进行了有关课程的使用和教师指导方面的培训。与新课程有关的挑战包括逐步使用官方语言。很明显,教师需要进一步培训才能全面实施课程。

2008年《国家教育法》的颁布引起诸多变化:基础教育(一至九年级)实行义务教育和免费教育;正式使用两种官方语言作为教学语言;一至六年级的课程将被审核,并正为第三周期开发一门课程。

(7)教学

教师素质和师资培训质量依然存在问题。1999年全民公投后的一段时间里,部分印度尼西亚教师,特别是小学和中学教师离开了东帝汶,这造成了教师供应危机。为应对这一危机,政府任命了一批学术背景有限(很少或没有)的当地教师,这导致了至今仍存在教学质量问题。在发展伙伴的支持下,许多教师接受了包括葡萄牙语、科学和数学在内的一系列科目以及教学方法的培训。这种支持旨在满足最关键的培训需要,特别是与语言有关的培训需要,但仍需要更多的投入。

《国家教育法》规定了教授一至九年级的最低资格水平以及教授十至十二年级的学

士学位要求,但大多数教师没有这些资格。有迹象表明,绝大多数教师需要提高他们的资格。目前,不合格的女教师比例高于不合格的男教师,帝力和包考的合格教师比例最高,埃尔梅拉和艾莱乌的比例最低。迄今为止,教师提升技能和资格的机会依旧非常有限。

许多教师和学校负责人认为教师缺乏使用官方语言教学的能力,因此无法促进学生在其他课程领域的语言习得和学习。最近的一项研究表明,教师对以学习者为中心的方法的理解和使用是有限的,因为教师在课堂上发言的时间远远超过90%。教师缺勤率较高和使用暴力作为纪律手段说明教师专业化仍然是一个问题。2011年引入的教师职业制度以教师能力框架为核心,该框架描述了教师在语言、技术知识、教学和专业等方面所需的能力要求。

(8)学习成绩

为了向教育部及其发展伙伴提供证据,证明国家教育战略计划对改善学生教育成果的总体影响,有必要改进学生评估的设计和实践。对于教育工作者而言,无论从个人还是总体层面,都没有确定的工具来对学生学习进行形成性和总结性评估。这将作为国家教育战略计划的一项活动加以处理。

2006年,一份学生样本的评估表明,一至六年级的学生在识字和算术发展方面表现不佳。2009年,一个更有力的工具被用来测试儿童的阅读成绩,即早期年级阅读评价(EGRA)。早期年级阅读评价已在15个以上的国家使用,可对儿童的阅读能力进行快速和可靠的评估。它有助于确定在儿童时期将采取的措施,以便解决扫盲问题。

为了能流利地阅读并将阅读作为一种学习工具,孩子们应该每分钟阅读60个单词。当该项研究应用于东帝汶时,研究人员发现东帝汶的大多数儿童只能以不到一半的速度进行阅读。

在阅读理解方面,孩子们的表现也很差,大多数孩子无法回答他们阅读的课文的问题,详见表1.4。

表1.4　　　　　　　　错误的阅读和理解占比　　　　　　　　　　%

问题	葡萄牙语	德顿语
1	68.6	55.0
2	90.9	87.6
3	71.5	59.1
4	71.7	67.4
5	70.9	73.3
6	72.1	78.7
所有问题都是错误的或没有回答的	61.4	50.9

早期年级阅读评价的研究也很有用,因为它指出了哪些孩子在阅读方面做得更好。

在东帝汶,人们发现在家接受教育或家里读书的、在课堂上跟随教师学习的、经常上学和做家庭作业的儿童都是更好的读者。重要的是,在东帝汶,当一名教师同时精通德顿语和葡萄牙语时,学生的表现会更好。这项研究意义重大,因为它不仅可以作为基准,而且可以指出一些提高阅读水平的相对简单、具体的干预措施。

3. 中等教育

(1)入学

1975年东帝汶只有2所普通中学和1所中等职业技术职业学校、1所教师培训学院和2所培训学校(培训体育和农业教师)。

1975至1999年间,中学数量显著增加。1991年共有34所普通中学和2所中等职业技术学校,1所师范学院,2所体育教师培训学校,5所农业和畜牧业学校,2所技术学校,2所管理学校,1所缝纫、烹饪和手工艺学校,2所医学和护理学校。2003年,有43所中学,其中22所是公立学校,17所是天主教学校,1所是伊斯兰学校,3所是私立学校。

目前,东帝汶共有94所中学,其中73所是普通中学(44所公立/29所私立),21所中等职业技术学校(13所公立/8所私立)。表1.5显示了该区域和地区关于性别和入学率的主要指标。

从表中可以看出,学生与教师的比例存在显著的地区差异。维克克的生师比例低至每名教师约负责10名学生,马纳图托和包考的比例约是14名,帝力约是25名,利基萨约是24名。

表1.5　　　　2010年按性别和行政区分列的中等教育指标

东帝汶	总入学率			净入学率			生师比例
	总计	女	男	总计	女	男	
地区1							
包考	51.64	51.99	51.31	20.21	22.04	18.47	14.38
劳滕	46.52	48.29	44.91	13.29	14.13	12.53	16.02
马纳图托	28.79	30.70	27.06	10.50	13.61	7.69	14.00
维克克	36.68	37.93	41.48	12.41	13.78	11.01	9.92
地区2							
帝力	111.48	106.44	116.62	39.66	43.41	35.83	24.88
利基萨	38.71	35.34	42.19	9.01	10.62	7.36	24.33
地区3							
艾莱乌	48.34	49.88	46.89	11.65	13.73	9.68	21.51
阿伊纳罗	36.64	35.55	37.66	16.89	18.26	15.61	22.97
马努法伊	59.34	61.03	57.63	22.84	36.41	19.23	17.64

(续表)

东帝汶	总入学率			净入学率			生师比例
	总计	女	男	总计	女	男	
地区 4							
博博纳罗	36.63	36.7	36.56	10.52	12.21	8.83	19.13
科瓦利马	51.22	50.77	51.66	22.99	24.71	21.32	17.91
埃尔梅拉	27.65	24.28	31.02	7.02	7.23	6.81	25.91
地区 5							
欧库西	41.39	36.71	46.36	9.97	10.72	9.17	17.22

总入学率数据显示,女孩在中等教育中的入学率很高。13个地区中有6个地区的女孩入学率高于男孩。这一分布与两年前的情况明显不同,当时所有地区的女孩入学率都低于男孩。

表1.6显示了按区域和地区分列的所有中等教育年级中与性别有关的入学情况。还有一些重要的地域差异值得研究,以便更好地了解当地的情况。

表 1.6   2010年中等教育按区域、地区和性别划分的入学情况

东帝汶	中等教育					
	十年级		十一年级		十二年级	
	总计	女性(%)	总计	女性(%)	总计	女性(%)
地区 1						
包考	1 496	50.94	1 102	50.54	1 444	46.19
劳滕	804	47.64	546	50.55	572	50.35
马纳图托	353	50.99	197	52.28	234	48.72
维克克	671	47.99	512	50.20	473	46.93
总计	**3 324**	**49.55**	**2 357**	**50.61**	**2 723**	**47.40**
地区 2						
帝力	6 453	49.67	5 701	48.76	5 613	45.93
利基萨	776	51.93	493	44.02	483	39.75
总计	**7 729**	**49.91**	**6 194**	**48.38**	**6 096**	**45.44**
地区 3						
艾莱乌	705	51.91	476	50.84	475	46.32
阿伊纳罗	589	49.41	384	49.74	428	41.12
马努法伊	832	54.09	549	52.82	630	47.62
总计	**2 126**	**52.07**	**1 409**	**51.31**	**1 533**	**45.40**

(续表)

东帝汶	中等教育					
	十年级		十一年级		十二年级	
	总计	女性(%)	总计	女性(%)	总计	女性(%)
地区 4						
博博纳罗	989	48.53	586	53.24	644	49.22
科瓦利马	948	49.89	644	50.47	629	45.95
埃尔梅拉	903	46.40	796	41.96	581	42.69
总计	**2 840**	**48.31**	**2 026**	**47.93**	**1 854**	**46.06**
地区 5						
欧库西	511	45.21	425	47.53	459	44.44

需要进一步研究以了解十二年级女孩入学率下降的原因。表1.7显示,东帝汶40%的中学入学人数由私营部门(主要是天主教会)负责。还有一些地区差异值得强调,特别是在帝力,75%的学生就读于私立学校。

表1.7　　2009年按地区、性别和机构类型划分的中等教育入学人数

东帝汶	中等教育					
	公共			私立		
	总计	男性	女性	总计	男性	女性
地区 1						
包考	2 964	1 451	1 513	1 078	605	473
劳滕	1 922	975	947	0	0	0
马纳图托	398	213	185	386	174	212
维克克	1 317	707	610	339	148	191
总计	**6 601**	**3 346**	**3 255**	**1 803**	**927**	**876**
地区 2						
帝力	10 407	5 589	4 818	7 360	3 615	3 745
利基萨	1 411	794	617	341	146	196
总计	**11 818**	**6 383**	**5 435**	**7 701**	**3 761**	**3 941**
地区 3						
艾莱乌	1 158	596	562	498	232	266
阿伊纳罗	965	527	438	436	216	220
马努法伊	1 549	743	806	462	228	234
总计	**3 672**	**1 866**	**1 806**	**1 396**	**676**	**720**

(续表)

东帝汶	中等教育					
	公共			私立		
	总计	男性	女性	总计	男性	女性
地区 4						
博博纳罗	1 993	993	1 000	226	117	109
科瓦利马	1 917	1 037	880	304	97	207
埃尔梅拉	1 245	731	514	1 035	548	487
总计	**5 155**	**2 761**	**2 394**	**1 565**	**762**	**803**
地区 5						
欧库西	1137	615	522	258	143	115

政府在今后将扩大发挥在中等教育层面的作用,以确保为学生提供平等的教育机会。在此之前,由于缺乏健全的公共系统来提供高质量的中等教育,导致众多的私立和非营利性机构参与提供中等教育。虽然非政府教育提供者仍将是提供教育的重要参与者,但公共部门网络的发展将是国家教育战略计划的主要重点。

(2)质量

中等教育入学率低很可能与过时的课程有关。这些课程在质量和相关性方面存在严重的局限性,并且不符合国家的发展需求。

因此有必要:

①制定一项战略规划,实施"国家教育政策"规定的基本质量变化;

②增强课程管理部门实力,以确保它有能力制定、实施和监测中等教育新课程;

③制定课程实施战略,因为这将确定基础设施(如实验室)和教师培训所需的投资水平。这对于中等职业技术教育来说尤为重要,将显著扩大中等教育的选择范围;

④制定新的教学方案,选择适当的教科书和教材;

⑤提高评估实践和国家考试的质量。

4. 高等教育

1999 年,全国有 4 000 多名大学生;2000 年,由于当局认为还有其他教育优先事项,因而高等教育在很大程度上被忽视。许多大学生被邀请作为教师参与学校系统的重建,以解决严重的教师短缺问题。因此,2000 年是高等教育分部门面临严重问题的一年。除了成为教师的学生外,其他约 2 000 名学生要求政府在独立之前组织他们重返印度尼西亚的大学。国际社会通过东帝汶过渡行政当局设立的东帝汶奖学金使得约 1 500 名学生得以继续在印度尼西亚接受教育。

2000 年 11 月,帝汶大学(东帝汶大学)通过东帝汶过渡行政当局社会事务办公室和赫拉理工学院恢复活动,后者后来成为工程系。这两个机构后来合并成为东帝汶国立大学(UNTL)。

到 2003 年底,有 17 所高等教育机构在高等教育总局注册,为 13 000 多名学生提供学术、专业和技术专业课程。2007/2008 学年伊始,东帝汶共有 14 所高等教育机构,约 17 000 名学生。

东帝汶高等教育的总体质量很低,与东帝汶发展需求不协调。教育部的目标是建立一个能够根据国际公认的质量标准提供服务的高质量的高等教育体系。为了实现这一目标,必须解决所面临的严峻问题。解决问题的措施包括:

(1)建立适当的监管框架,界定系统的范围和各机构的作用,这些机构负责监管、资助和操作所有子系统。

(2)建立有效的管理系统,协调所有政府干预措施,并确定优先目标和预算。

(3)确定和整合高等教育的资格。

(4)建立质量保证体系。

教育部制定立法框架,以确保东帝汶国立大学的自治,这是东帝汶唯一的公立大学。这一框架包括现代治理结构(有私营和公共部门、有学生和教师的参与)以及资助制度,这将有助于提高东帝汶国立大学提供与该国需求相关的教育的能力。

5. 继续教育

(1)简介

虽然过去十年来正规教育体系有所改善,但仍有许多东帝汶公民缺乏充分的教育以满足其参与社会经济活动和生活的需要。贫穷、失学和失业的青年缺乏受教育的机会,缺乏基本识字、算术和一般技能的成人将会无法弥补日益增长的经济中出现的技能差距。从国家角度来看,东帝汶面临的挑战是,没有支撑国家可持续发展所需的合格人力资源。

东帝汶签署了在 2015 年底前扫除 15 至 24 岁男女文盲的千年发展目标,这也为青年和成人教育设定了更加雄心勃勃的目标。

(2)继续教育的进展

殖民主义和独立斗争的遗留问题意味着大多数成年人在 15 岁后很少或几乎没有接受过教育。根据 2010 年的人口普查结果显示,5 岁以上的 901 323 人中,有 307 178 人从未接受过教育。根据 2004 年的人口普查数据,全国文盲率为 46%。老年人、妇女和农村人口的比例要高得多。而 2010 年的人口普查显示,15 岁以上的人口中,只有 56.1% 的人会读、说、写德顿语,25.2% 的人还会同时用葡萄牙语和德顿语这两种官方语言进行读、写、说。

尽管学生入学率和结业率得到有效提高,但 2010 年人口普查和教育管理信息系统数据的分析显示,六年级学生的辍学率约为 26%。

这一早期的历史遗留问题,再加上改革教育制度所需的时间,若想让所有学生都能获得优质的基础教育,就意味着政府在 2008 年的国家教育政策中需要优先考虑发展继续(非正规)教育。该政策表明,文盲问题和向青年和成年人提供教育机会的需求将用在以往倡议的基础上发展新的倡议和扩大回归教育的范围来解决。

在2006年由古巴技术顾问小组领导的初步试点项目之后,东帝汶的全国扫盲运动于2007年1月启动,同年6月在帝力开设了第一批培训班。据2008年11月28日举行的全国毕业典礼统计,约12 000名东帝汶公民通过古巴开发的扫盲模式参加扫盲课程,从而实现了基本扫盲。这是一项历史性的成就,不仅对东帝汶,对整个亚太地区也意义重大。在过去的30多年来,整个亚太地区都没有开展过如此大规模的全国扫盲运动。

发展合作伙伴对继续教育部门的援助是巨大的(表1.8)。世界银行支持的于2010年开始实施的第二次机会教育项目(SCEP),预计将采取一种更协调的外部支持方式。

表1.8　　　　　　　　发展合作伙伴参与继续教育部门的情况

捐赠者	项目区域	输入
联合国儿童基金会	读写能力	顾问、课程、材料、教师培训
	主要等价	
联合国开发计划署	读写能力	顾问
	远程教育	顾问
联合国教科文组织	中心范围	顾问、总体计划、社区学习中心
新西兰	读写能力/中心范围	为联合国开发计划署顾问提供资金
巴西	读写能力	教材、课程、设备、教师
古巴	读写能力	顾问、课程、教材
葡萄牙	语言	教师
美国	读写能力	课程、教材
澳大利亚	中心范围	战略规划与研究、专业建议与能力发展

教育部对继续教育采取更系统的做法,因而增加了预算,并在2011年底前采取措施,以便在欧库西、劳滕、马纳图托和马努法伊以及阿伊纳罗地区彻底扫除文盲。

表1.9突出说明了近期继续教育迅速扩展的情况:

表1.9　　　　　　　　继续教育和其他教育的主要成就

成就	2007/2009	2010
基础扫盲教师	539	1 038
功能性扫盲教师	205	272
基础识字学生	28 785	22 753
实用识字学生	5 425	4 164
小学同等学力教师	21	63
小学同等学力学生	382	868
葡萄牙语强化班	100	9
英语班	20	2

(3)继续教育方案

诸如国家扫盲运动、扫盲后课程和国家同等教育方案等扩大第二次机会教育的方案是解决许多尚未参加或完成基础教育和中等教育的青年和成年人的需求的关键途径。教育部的成人和非正规教育部门现在称为国家继续教育局,是负责管理和实施这些第二次机会教育方案的主要政府机构。

继续教育计划是专为已超过基础教育年龄的人士设计的,不仅适用于16~18周岁仍未完成基础教育及正在工作的人士也同样适用于那些在正常年龄没有机会上学的人。

继续教育不仅仅是提供基本的扫盲方案,也包括扫盲后的项目,从而为识字毕业生提供机会,继续发展他们的识字技能,实现功能性扫盲。功能性扫盲的实现弥补了成人接受基础教育和中等教育存在的差距。为实现这一目标,国家等效计划提供了加速学习课程。第一级等效计划将基础教育第一和第二周期所需的6年时间减少至3年。第二级等效计划将基础教育第三个周期的3年缩短为2年。第二级等效计划毕业生将获得与正规基础教育系统同等的资格证书。

课程编制和实施方案正在分阶段实施。国家等效计划的第一级新课程的开发取得了重大进展,该方案正在使用改进的优质课程材料进行试点工作。扩大等效计划的挑战和成本将大大高于基本扫盲项目的挑战与成本。然而,与正规基础教育相比,每个学生用于继续教育交付机制的成本要低得多。

若要实现社会稳定、可持续减贫、经济增长和社会平等的国家目标需要一定的人力资源,继续教育在这一人力资源的基础上,发挥着重要作用。政府采取的措施包括减少极端贫困、改善健康、保障教育机会平等和性别平等。儿童、青年和成年人将获得必需的技能以参与国家整体发展并从中受益,同时提高他们自身的生活质量。

二、教育管理中存在的主要问题

教育管理改革是使教育部能够解决学校的入学和质量问题的先决条件。2007年,一项机构能力研究发现,教育部管理教育的能力存在重大缺陷。

1. 综合管理能力差

主要表现:①董事会不能顺利地控制其预算执行情况;②权责不清,缺乏责任感以及过于注重结果;③决策高度集中于小群体内,造成管理瓶颈;④在大多数董事会中,合格员工的数量不足以满足其人力资源需求。

2. 工作人员行政能力低

主要原因:①由于招聘政策和做法不佳,大多数工作人员能力较差;②缺乏系统的培训,导致大多数工作人员不了解教育政策、教育系统的基本要求,缺乏行政管理的实践;③内部系统、规章和程序不够完善,且没有系统地执行。

3. 教师管理不善

教师工资约占教育部预算总额的一半,但缺乏关于教师教学场所以及教学所需时间的数据。人力资源管理系统薄弱或没有系统,这意味着薪酬并非总是与责任和经验相称,缺乏对缺勤的控制和对绩效的管理。教育部没有适当的管理人员拥有制作预算的技术能力,而这一能力是提高教育质量的一个关键组成部分。

4. 人力资源管理规划不善

教育部和学校的工作人员分配制度、技能与工作职能的匹配度以及工作量的公平性都很薄弱。教育部的一些关键职能尚未得到充分界定。没有职业结构、职业分析或激励制度,因此,工作纪律差,人员闲置,缺勤率高。

5. 区域、地区和学校管理系统差

2008年《组织法》引入了五个地区教育办事处、区域局,并正式开始了对各地区主要服务业务的管理职责下放的进程。这一职能在2010年修订的内政部的《组织法》中得到了加强。实际上,将业务责任下放给地方机构的做法目前尚不明确或无系统化。国家主管部门基本上保留了集中管理的权力。此外本地化管理和运营能力的发展一直很差,校级管理体制和制度也很薄弱,学校层面的需要与教育部国家办公室之间没有很好的联系。

6. 高度依赖国际工作人员

国际工作人员向教育部提供关键的技术支持,但往往局限于能力的替代,而不是发挥能力建设的作用。这些工作人员协助能力建设的任务往往不明确,甚至其中许多顾问实际上并不适合这项任务。之所以依赖国际工作人员是因为公共部门难以雇用合格的东帝汶人员。公共部门目前的薪酬结构也不允许其与私营部门的薪酬进行竞争。

7. 管理信息系统不合理

教育部的主要业务信息系统是教育管理信息系统。尽管在过去四年中,教育管理信息系统有所改进,但由于后勤问题,仍然无法及时或完全准确地提供信息。而且教育管理信息系统在技术层面很大程度上仍然依赖于国际人员,因此在可持续性发展方面面临重大挑战。充分了解教育管理信息系统所提供的信息以及熟练使用该系统的人为数不多,于是造成部门决策者不能充分利用这一管理工具来履行职责。由于没有提供系统的培训,部门工作人员计算机知识水平很低。教育部的计算机设备匮乏,也没有现成的信息技术基础设施或信息技术支持服务。

8. 行政、预算和财务管理困难

这些领域的弱点给教育部造成实质性的管理困难。包括:

(1)预算困难

尽管最近有所改善,但是问题依然凸显:①预算计算不准确,导致内部资源配置不佳;②国家或部级优先事项并非总是反映在预算中;③采购和预算编制职能之间几乎没有整合和协调,资源使用缺乏有效的预测或规划;④没有内部成本计算标准,导致类似的成本计算存在重大差异;⑤各种消费品总预算过高和某些产品或服务的单位成本极高的例子表明资源被滥用。

(2)控制系统薄弱

表现在:①没有统一有序的行政程序和标准作业程序手册;②对采购系统和预算执行能力的质量缺乏控制;③负责根据年度行动计划监测支出的工作人员缺乏履行这一职能的技术技能。

9. 政策与规划存在挑战

政策与规划方面存在许多挑战:①没有将部门政策的愿景转化为行动的中期规划框架;②目前的部门投资计划已经过时,不符合部门和分部门的要求,导致在与财政部的预算谈判中出现困难;③注重自上而下的规划,对地区和县区的问题知之甚少。因此,标准化的一般工具的设计和实施可能会有效,也可能无法有效解决本地化问题;④质量较低的年度行动计划以及监测和评估系统导致控制预算执行的工具不足;⑤计划与实际预算之间关系的最坏情况是不存在的。

10. 与国际合作伙伴缺乏沟通和协作

发展伙伴与教育部之间缺乏有效的沟通和协作。这导致:①国际合作与教育部门的需要和优先事项不一致;②学校教师培训方案不协调,导致教师无法出席课堂;③超过25个国家和国际非政府组织开展的工作很少或根本没有协调,其中许多人在未经教育部知情或授权的情况下参与了学校活动。

教育部试图解决这些问题。目前已有政策规定,任何教师都不得缺课去参加培训,培训提供者在实施任何培训方案之前都必须征得教育部的批准。

第二章 政策和法律框架

《东帝汶民主共和国宪法》规定了以下教育义务:

(1)儿童应享有普遍承认的所有权利,以及国家普遍批准或赞同的国际公约所规定的一切权利。

(2)国家应促进青年的教育和职业培训。

(3)国家承认并保障公民享有教育和文化的权利,负责在公共基础教育系统的法律下保障普遍性、强制性和免费的教育权利。

(4)所有公民均享有平等接受教育和职业培训的权利。

(5)国家承认并监督私立教育和合作性教育组织。

(6)国家必须确保所有公民都能根据自己的能力获得更高的教育、科学考察和艺术创作的学位。

《第四届宪法政府的国家教育政策》由教育部部长提交给部长理事会,并于2008年2月27日通过。这一政策制定了教育的目标和宗旨,包括每个教育分部门的短期和长期优先事项。该政策基于以下一系列核心原则：

(1)该政策将教育问题上升至国家关注问题，力求提高所有东帝汶公民的学术和专业素质。

(2)政策措施必须具有针对性，提供指导方针和确定部门投资方案的作用，并提供项目和预算的具体说明，从而涵盖旨在为发展部门建立体制、法律和信息基础的优先行动。

(3)国家教育政策以现行立法为基础，如《东帝汶民主共和国宪法》和《国家教育法》。现行或正在批准的立法承认并支持相关的国际宣言和公约，如与受教育权有关的宣言和国际公约，即《儿童权利国际公约》《千年发展目标》和《全民教育》。

国家教育政策确定了两大主要改革领域：

(1)教育制度改革：①通过教师培训、开设新课程和实施新的学校管理制度，提高教育质量；②确保所有东帝汶人都能平等地接受各级教育。

(2)教育管理改革：①下放提供教育服务的权力；②设立监察服务；③加强教育的法律框架；④提高教育部的内部管理质量。

2008年10月29日，国民议会批准了《国家教育法》(第14/2008号法令)，其基础是国家《宪法》和《国家教育政策的主要原则》，它为教育制度的改革提供了法律依据。

根据教育部新的《组织法》(第2/2008号法令)进行了初步管理改革，其中包括设立地区办事处来监督地区一级的活动，并扩大监管制度。到2010年底，在进行立法改革和起草国家教育战略计划后，政府决定调整教育部的结构，以便快速有效地执行国家教育战略计划。在这一新的结构中，"优先计划"与新的部门董事会之间有着明确的对应关系。因此，2010年12月9日，部长理事会批准了一部新的《组织法》(第22/2010号法令)。

这一新结构旨在为教育部国家办事处提供更专业化的服务，并进一步将业务职能下放到区域和地区层面。重要的是，新结构给予学校更大的自主权以实现自主管理，以及享受到更具针对性的服务。

新的《组织法》设立了四名新的总干事(企业服务、课程和学校管理、高等教育和文化干事)，培养其高级管理能力以实现战略目标。为了提高中层管理能力，《组织法》设立了更多的国家主管部门，这些部门反映了学前教育、基础教育、普通中等教育、中等职业技术教育、高等教育和人力资源管理等方面的国家教育战略计划优先方案。本法还将通过设立国家教师和教育专业人员培训机构，对教师培训制度进行彻底改革。

教育部正在进行最后一次立法改革，为教育提供全面的法律框架，将进一步确定能力发展目标和培训需求。

(一)普通教育

根据国家教育政策，教育体制改革将遵循以下原则：

(1)质量：注重学习过程和成果。

(2)公平性：对地方和社会的差异有更高的制度敏感性。

(3)受教育机会:更具包容性,特别注意贫困地区、社会群体以及性别问题。

(4)社会与经济相关性:认识到教育是为东帝汶和东帝汶公民创造社会和经济利益的基础。

(5)参与:家庭和社区积极参与学校决策。

(6)社会伙伴关系:通过私人、合作及个人教育计划的支持。

(7)灵活性:通过设计各种制度和教育系统以扩大获得高等教育机会的不同途径。

为实现这些原则,教育部认为地方伙伴的参与是可取的,同时也是必不可少的。这些伙伴包括教会(特别是天主教会)、基金会、非政府组织和其他利益相关方。多年来这些组织在东帝汶公民的教育中发挥重要作用,并承担了公共服务的重要使命。

《国家教育法》还规定了以下教育目标:

(1)通过充分发展和塑造个性,促进个人和社会的进步,使其能够在身心平衡发展的背景下认真思考道德、公民、精神和审美价值。

(2)确保对儿童和青年进行文化、道德、公民和专业教育,使其成为有责任感的公民,具有批判性反思精神,并且能够有效利用空闲时间。

(3)确保男女机会平等:保障学校的性别平等,并提供专业指导,以提高所有包容性教育领域利益相关方的意识。

(4)对于东帝汶的历史和文化传统,加强国家独立和民族团结意识的教育,增进对其他民族和文化的了解。

(5)培养适应需求的工作技能和一般生活技能。例如与他人合作的能力和有效沟通的能力。包括知识和技能领域的具体培训,使其成功进入劳动力市场,并引导其根据个人的兴趣、技能和能力为社会的进步做出贡献。

(6)下放教育结构和活动的权力使其多样化,以确保这些结构和活动切合当地条件。这要求社区高度参与决策过程,以确保教育充分融入当地环境。

(7)缩小地区差异,确保在全国范围内平等享有教育、文化、科学和技术的权利。

(8)通过中央和地方网络以及私营和合作实体促进公共教育和教学,以满足所有人的需求。

(9)确保公立、私立和合作性学校的有效组织和运作。这包括通过对教育和管理标准的问责来提高教育质量。这一问责制度包括报告使用公共资金取得的成果。评价将以客观、透明和公平的标准为基础,鼓励良好的操作实践。

(10)确保自由择校。

(11)促进民主精神和实践的发展,采用参与性程序来确定教育政策和学校运作。这包含建立管理模式,确保中央和地方管理人员、领导、教师、学生、家长和地方社区适当参与和问责,以提升学习效果。

(12)通过非正式手段向错过在适当年龄上学的成年人和青少年提供教育机会。

法律规定,东帝汶教育系统的教学语言为德顿语和葡萄牙语。图2.1为东帝汶教育系统结构图。

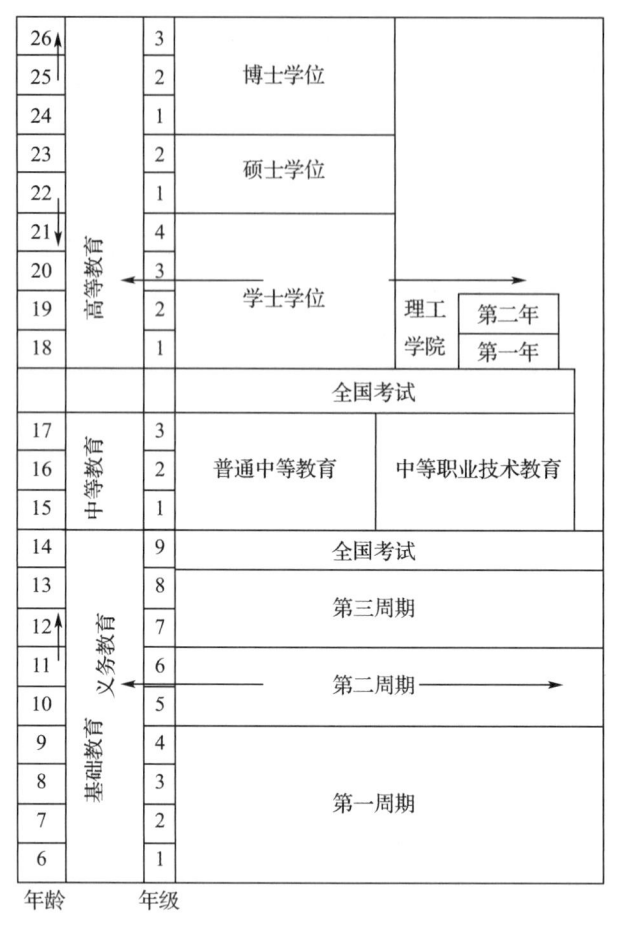

年龄	年级			
26	3	博士学位		
25	2			
24	1			
23	2	硕士学位		
22	1			
21	4	学士学位		
20	3			
19	2		理工学院	第二年
18	1			第一年
		全国考试		
17	3	普通中等教育	中等职业技术教育	
16	2			
15	1			
14	9	全国考试		
13	8	第三周期		
12	7			
11	6	第二周期		
10	5			
9	4	第一周期		
8	3			
7	2			
6	1			

图 2.1　东帝汶教育系统结构图

(二)学前教育

学前教育是为 3~5 岁的儿童设计的,为其顺利进入基础教育做好准备。父母和家庭的积极参与对这一阶段儿童的教育至关重要。

《教育法》要求国家确保公立学前教育的网络。地方当局、其他私营和合作实体,包括私营民间社会组织、家长协会、居民协会、民间或宗教组织以及工会或雇主协会,都有学前教育机构对此进行补充。

《教育法》规定,学前教育将:

(1)促进每个儿童潜能的均衡发展。

(2)保障儿童的稳定和安全。

(3)培养儿童对自然环境和人类环境的了解,以帮助他们融入社会并参与社会。

(4)培养公民道德,以及对公民权利和责任、自由和问责制概念的理解和认识。

(5)培养儿童融入社会群体,促进社会技能的发展。

(6)培养儿童自我表达力和交流能力,激发创造性思维和艺术表达。

(7)培养良好的卫生习惯以及预防性的个人和公共卫生习惯。

(8)针对儿童的身体、认知和行为问题进行筛查,并推广指导和转介系统以解决这些问题。

这些目标需要与家庭和社区合作来实现。

(三)基础教育

《教育法》规定,基础教育是九年义务教育,具有普遍性、义务性和免费性(在公立学校中,免收学费和其他学杂费)。学生可以免费使用现有的学校书籍和材料,必要时还可以提供交通、食品和住宿。

基础教育有以下目标:

(1)通过发展以下四大学习目标,确保儿童和青年教育的全面发展:学会知识、学会做事、学会共处和学会生存。

(2)确保为所有东帝汶人提供普通教育的共同基础,使他们能够发现和发展自己的兴趣、技能、推理能力、创造力、道德和审美。它促进了与社会价值观和良好人际关系相一致的自我意识。这种教育有效平衡了理论与实践。

(3)能够获取和发展基本技能和知识,并促进个人与团体之间学习和工作习惯相一致。

(4)确保掌握葡萄牙语和德顿语。

(5)能够进行第一外语的学习。

(6)促进身体发展,发展体育活动和艺术教育(提高审美意识和表达能力),并发掘和激发这些领域的人才。

(7)站在承认普遍人性、团结与合作的角度,发展对民族认同感、语言、东帝汶历史和文化等核心价值观的认识和理解。

(8)提供承担社会责任的经验,培养有助于社会关系与合作的态度和习惯,并积极参与涉及家庭、社区和环境并有助于实现充分的民主公民权利的问题。

(9)确保为有特殊教育需要的儿童提供适当机会,使他们能够充分发挥潜力。

(10)自由选择公民、道德和宗教教育。

基础教育分为三个周期,第一周期为4年,第二周期为2年,第三周期为3年:

①在第一周期(一至四年级),所有学科都由一名教师教授,但有可能在专门领域得到帮助;

②在第二周期(五至六年级),不同的教师涵盖广泛的学科领域;

③在第三周期(七至九年级),教学是根据统一的课程计划安排的,该计划整合了专业学科领域。通常每门学科课程由一名教师担任。

(四)中等教育

成功完成基础教育的学生可在下一学年进入中等教育。参与中等教育是可以选择的。尽管如此,教育部应鼓励学生参与中等教育。

中等教育分为两种形式:

(1)普通中等教育:涉及普通课程,主要是为了最终完成大学高等教育,但也允许进入高等技术教育。

(2)中等职业技术教育:技术或专业性职业培训课程侧重于进入劳动力市场,但也使人们能够接受高等技术教育或大学高等教育。

就这两种模式而言,中等教育为期3年,所有顺利完成基础教育的年轻人或通过非正式和其他手段获得同等学力的大龄学生都可以接受中等教育。中等教育与十、十一和十二年级相对应,目标如下:

(1)确保并扩大人文、艺术、科学和技术性质的基本技能和内容,这是进入高等教育或劳动力市场的必要前提。

(2)促进推理能力、思辨能力和科学好奇心的发展。

(3)发展必要的文学和美学意识,提高艺术表现力。

(4)培养在阅读、研究、思辨、观察和实验基础上获得和应用知识的能力。

(5)从整个社会,特别是东帝汶文化的普遍价值观的现实和理解看,培养具备国际意识和国际理解力的人才,能够把握国际社会现状,并致力于东帝汶的战略发展。

(6)为专门职业人才提供专业的技术指导和培训,使其足以进入劳动力市场。

(7)促进与劳动力市场的联系,加强学校、劳动力市场和社区之间的联系,同时提高学校的创新和干预职能。

(8)确保具备个人和团体工作习惯,培养方法意识和精神意识,以及改变意愿和适应态度的能力。

1. 普通中等教育

普通中等教育的目的:

(1)巩固和加强在基础教育中获得的知识,使学生无论是在技术教育还是大学教育中都能够继续学习。

(2)为拥有社会身份做准备,包括培养自主发展能力、批判性思维以及生活技能。

(3)将所有学科领域的理论和实践联系起来。

普通中等教育的范围将很快被调整。学生在这一阶段不能接受狭隘的专业教育,而是要着眼于为针对大学水平的教育打好基础。相反,学生将接触到先进的学习技巧(学会学习),为语言、技术和科学的发展打下坚实的基础,旨在在共同课程范围内进行高质量的全面教育。

2. 中等职业技术教育

将根据劳动力市场的需要建立和发展中等职业技术教育。教育部正在与东帝汶职业培训与就业部合作设计和提供相关课程。

通过提供职业指导,协助学生根据现有的职业或高等教育做出适当的选择,在以劳动力市场为目标的职业技术课程和针对大学教育的中等普通课程之间建立衔接。

(五)高等教育

高等教育将分为以下两个部分:

(1)大学高等教育:允许已经完成普通中等教育的学生继续修读科学与艺术。

(2)高等职业技术教育:是完成中等职业技术教育的必经之路。课程包括理工学院的专业课程。

2010年12月1日,根据第21/2010号法令设立的国家学术认证和评估机构将确保教育质量。

通过批准以下立法,东帝汶政府为该教育系统的这一分部门制定了法律框架:

(1)2009年12月2日颁布的第36/2009号法令,确定高等教育机构的入学机制。

(2)2010年5月19日颁布的第8/2010号法令,确定创建高等教育机构的主要规则。

(3)2010年10月20日颁布的第16/2010号法令,批准了东帝汶唯一的公立大学——东帝汶国立大学的结构和规则。

(4)2010年12月1日颁布的第21/2010号法令批准了高等教育系统评估的总体制度,并建立了国家学术认证和评估机构。

教育部逐步与所有经认证的高等教育机构合作,努力制定关于高等教育职业制度的法令以及建立东帝汶国家资格框架的法令。

这一法律框架的发展将改善高等教育在教学研究与发展职能方面的表现。这意味着在培养高等教育讲师发展的能力、技能以及社会和专业认可方面迈出了关键一步。

为使高等教育能够更好地适应东帝汶经济和社会发展的需求,有关资助机制系统的工作仍有很大的发展空间。

(六)继续教育

继续教育是为那些没有在适龄阶段充分获得基础教育服务的学生提供的第二次机会教育。继续教育主要采取夜校的形式,以适合学生不同年龄段、不同生活经历和知识水平,安排不同的入学形式和学习方法。继续教育颁发与基础教育和中等教育相同的文凭和证书。

通过设立教育社区中心可以大大提高继续教育的覆盖面和效率,使继续教育能够更加适应社区的需要。继续教育还将开发新的现代和相关的教育手册和其他最新材料。

教育部将为这一分部门制定必要的条例,以促进其政策的实施,并保证其与现有正规教育制度的协调。

(七)巩固教育政策和立法

国家教育政策和《国家教育法》分别构成了教育部门政治和法律战略指导方针的基础。进一步巩固立法是必要的。新的《组织法》将使教育部能够重组其结构,以实现国家教育战略计划的目标。该法明确规定了国家管理部门的职能,同时加强了区域和新的地区与国家部门之间的联系,以改善学校的政策实施情况。

在2012年底之前,教育部将向部长理事会提出下列法律草案:
(1)学前教育行政管理制度。
(2)学前教育机构的教育准则、评估及评审。
(3)中等教育系统的管理和领导体制。
(4)国家教师和教育专业人员培训机构的新组织和法规。
(5)东帝汶国家资格框架。
(6)教育部检查服务章程。
(7)教师培训制度。
(8)教师的表现及评估。
(9)教师流动管理制度。
(10)继续教育法律制度。
(11)基础教育和中等教育的社会融合。

第三章 优先计划

简介

《东帝汶国家教育战略计划2011—2030》包括国家教育政策中的两大主要长期优先计划:

教育系统改革

优先目标:①提高教育质量;②确保所有东帝汶人民平等地接受教育。

教育管理和管理体制改革

优先目标:①集中教育服务;②提供检查服务,明确学校督察作用;③改革教师培训和职业发展的政策;④提高教育部的管理和行政质量。

优先计划一章分为两部分:第一部分介绍了教育分部门(学前教育、基础教育、中等教育、高等教育和继续教育)发展的主要成果和措施,其中每个分部门都有各自的优先事项,提高教学质量和社会包容性成果也是两个独立的优先计划;第二部分介绍了管理改革所需的主要方案。

战略计划的基本优先事项

东帝汶政府规定《东帝汶国家教育战略计划2011—2030》的优先计划是实现千年发展目标。教育部负责实现与教育有关的千年发展目标,同时也可以为实现许多其他千年发展目标的目标做出重大贡献。作为私营部门处于萌芽状态的国家公共部门内的最大雇主,教育部可以促进就业方面的性别平等,并通过教育解决贫困和提高儿童和孕妇健康的标准。在优先计划的设计中,已经考虑到这些潜在的因素。

东帝汶政府制定了《东帝汶国家教育战略计划2011—2030》,其目标是实现千年发展目标和其他国家优先计划。《东帝汶国家教育战略计划2011—2030》更详细地说明教育部门将如何促进《东帝汶国家教育战略计划2011—2030》的实现。国家发展总局的成立,可以协调《东帝汶国家教育战略计划2011—2030》中的各部门和政府机构之间跨部门捐款。国家发展总局每年制定相关的具体目标,这些目标将由所有开发伙伴与国家发展总局进行讨论、协调和后续监测。教育部将通过《东帝汶国家教育战略计划2011—2030》的实施过程帮助实现千年发展目标。具体来说,教育部负责:

(1)2030年底普及基础教育

千年发展目标的教育目标是,到2015年,确保儿童能够完成小学教育的全部课程。基于目前的情况,东帝汶不太可能在2015年之前实现这一目标,由于东帝汶正处于重建阶段,直到最近才开始努力实现千年发展目标。东帝汶将在一个更长的、更容易实现的时间节点上实现这一目标。此外,它还制订了一个更加宏伟的计划,旨在到2030年完成九年基础教育。

(2)到2015年完全扫除文盲

这一千年发展目标不变,工作正在朝着实现目标的方向发展,但还有许多工作要做。首要任务是确保到2015年,所有15~24岁的青年都能识字。此外,教育部还将努力在2015年前尽可能地消除所有年龄段的文盲。

(3)确保到2015年性别平等

《东帝汶国家教育战略计划2011—2030》的目标是确保到2015年,女孩将有同样机会获得所有教育阶段的教育。有两个额外的目标:①大幅度增加女教师的人数;②增加妇女在教育部中管理职位数量。

一、教育系统改革

(一)学前教育(优先计划1)

长期目标(2030年):

到2030年,确保全国442个乡的儿童能够就近接受高质量的学前教育。

短期目标(2015年):

到2015年,3~5岁的孩子中至少有半数接受优质的学前教育。

1. 简介

学前教育是为3岁到基础教育入学年龄儿童提供的教育。《国家教育法》规定,国家负责确保学前教育网络的存在。该法描述了由地方政府以及其他私人和合作实体提供的学前教育网络。东帝汶将致力于实现1990年在泰国中天由155个国家联合达成的全民教育目标,随后有164个国家在塞内加尔和达喀尔对此进行重申。

全民教育旨在"扩大和完善全面的幼儿保育和教育,特别是针对最弱势和弱势儿童"。

表3.1显示了与适龄人口预测相比,学前教育入学人数的预期变化。

表 3.1　　　　　　　　　学前教育入学人数的预期变化

年度 项目	2011	2015	2020	2025	2030
早期儿童教育人口计划(3~5岁)	93 314	86 541	87 156	91 753	99 442
总计划人数(公立+私立)	16 737	43 270	58 104	76 461	99 442
总入学率	17.9%	50.0%	66.7%	83.3%	100%

学前教育将日益与基础教育的第一个周期相结合,以实现更长期的学前教育普及化。为了实现这一长期目标,未来五年总入学率的目标是增加到50%左右。

接受学前教育的儿童数量应该从2011年的1万人左右增加至2015年的4万人左右。在此期间,还需要向另外3万名儿童提供学前教育。

2. 计划方法

为实现2011—2015年增加学前教育3万人的目标,有以下几个问题需要解决:

(1)现有公立学校的能力

在现有公立学校系统中,可以利用更多的教室来增加学生容量。2010年,全国学前教育学校中共有89所公立学校、53所私立学校。计划利用现有的公立学校容纳1.5万名儿童。为此学校需要建立400多个公共教室,并且需要招募更多的教师。但是,这并不意味着需要建立400多所学前教育学校,通过重新使用空教室、翻新和建造额外的教室,可以扩大现有公立学校的容纳能力。

改善学前教育机会的其他战略与基础教育类似。学前教育的发展将直接与基础教育网络的扩大相联系。在主要利益相关者的参与下,教育部将制订更详细的扩大计划。

在完成学前教育和基础教育的人员配置后,将计算所需的新学前教师的确切人数。有必要完成对教学水平的评估,以确定一些基础教育教师是否更适合在学前教育分部门工作。这需要仔细识别有可能作为专业学前教师进行再培训的教师,并确保提供这种培训。因此,将需要一项重新安置和重新分配教师的计划。

(2)共同目标伙伴关系

东帝汶政府认识到公民社会在满足学前教育目标的过程中发挥了重要作用,以及提高这种关系的价值将促进共同目标伙伴关系。教育部承诺支持教会、非政府组织和其他参与学前教育的组织的工作。13个市政当局的成立和政府权力下放进程的开始将为加速学前教育网络的扩展增添机会。政府将制订市政发展计划,以便与私营机构代理人的现有举措产生协同效应。该计划实施的五年内,至少50%的学生将就读于私立和非营利性机构开办的学前教育学校。教育部将设计并提供适当的激励方案来加速这一进程。

为确保所有学生都能接受优质教育,政府将会进行私立学前教育认证,制定和实施私立学前教育学校的政策和指导方针。新成立的国家学前教育局将负责确定学校认证标准,登记和监控所有私立学前教育学校。

(3)学前教育管理

学前教育管理质量对儿童的教育和发展质量至关重要。改革计划将为学前教育管理引入新的结构,并将提供支持以确保成功实施。教育部还计划为学前教育制定课程大纲,并进行相关研究,以确定在东帝汶早期儿童保健、发展和学前教育领域的良好实践。该课程不仅能通过艺术、音乐和游戏的教育经验来培养儿童的认知技能,而且着眼于情感、社会和身体发展层面。根据《联合国儿童权利公约》,考虑到健康、营养、教育、儿童保护和社会福利等因素,将该课程设置为跨学科的。

国际研究表明,当学生的母语(第一语言)是教学语言时,学生可以更加有效地学习。母语的融合,特别是在早期,为识字和算术发展提供了基础,并有助于学生获得对学习技能和学习的热爱。

(4)学前教育学校的标准与监测

需要为学前教育和基于这些标准的监测和评价体系制定质量标准。因此需要一种方法来衡量该计划在实现其目标时的有效性,并在没有取得预计成效时进行干预。

(5)教师供给与质量

新教师需要进行培训,现有教师需要进行技能升级。因此需要在职前和在职阶段进行可持续和系统的专业训练,以使教师获得国家教育法所要求的最低资格,并确保和提高他们的技能。同时需要考虑教师助理的引进,并为这一新类别的员工制定一个资格标准。

3. 计划展示

短期目标(2015):

到2015年,3~5岁的儿童中至少有一半会接受优质的学前教育。

(1)战略

①为学前教育学校提供适用政府学校建筑的修订计划,利用未使用的教室,或者在现有学校建造新的教室;

②根据需求提供足够的设施和教材;

③准备实施一揽子计划,在2015年之前激发全国范围内680个非公共营利性部门新教室的建造,特别是贫困地区;

④发展与教会、非政府组织、市政当局及其他组织的工作协议,以促进全国各地新学前教育的发展;

⑤为私立学校的注册和运作提供学校认可的政策及指引,以及为学前管理提供新架构;

⑥制定新课程框架并在所有学前教育学校中实施;

⑦到2015年,重新分配、再培训和招聘1 080名教师;

⑧开发和实施新的职前和在职服务,包括教师助理的培训。

(2)计划结果

结果 1:全国各地均提供足够数量的公立学前教育教室。

活动:

①进行绘图练习,规划学前教育教室需要的面积;

②制订并实施一系列计划,以适应和翻新现有学校的教室;

③在现有的基础设施和学校中建造新的教室;

④为所有教室配备桌椅和教育材料。

结果 2:所有学前教育学校的教室都提供合格的教师。

活动:

①为扩大学前教育规模,设计学前教育人员的配备方案和计划;

②设计在职课程,根据要求对教师和教师助理进行资格认证或重新认定;

③实施在职课程,根据所需的能力对教师进行资格认证或重新认定;

④确保从正规职前培训机构毕业的新教师数量充足。

结果 3:新学前课程开发与实施。

活动:

①发展学前课程(包括使用母语);

②为学前课程设计和制作教学资料;

③在所有的学前教育学校实施新课程并分发学习材料。

结果 4:公共目的伙伴关系激励计划实施。

活动:

①确定所有潜在的合作伙伴,并绘制全国所有学前教育活动的地图;

②将学前教育需要扩展的优先领域标记出来,其中最好与合作伙伴(例如教会和非政府组织)达成合作;

③找出最好的工具和方案,扩大合作伙伴进入学前教育领域的机会;

④向合作伙伴提供方案以扩大学前教育规模,包括新建 680 个教室,特别是在最需要的地区;

⑤制订和实施特别计划(包括特殊营养和健康计划),鼓励家长和民间组织的参与,鼓励在公立和私立学前教育学校中招收学生;

⑥与国家和市政当局建立合作协议。

结果 5:建立和实施学前教育学校认证和管理制度。

活动:

①建立学前教育学校质量标准;

②为私立学校的注册及运作制定学校认可的政策及指引;

③开发和实施一套监控和评估学前教育质量的系统;

④制定一项管理学前教育的法令;

⑤确定执行新的管理系统的能力发展需要,并实施方案以满足这些需要;

⑥执行、监督和评估新的管理系统。

(二)基础教育(优先计划2)

基础教育改革的长期目标是到2030年,所有的儿童都将能够完成全面的基础教育。短期目标是到2015年,95%合格的学生将被录取并接受高质量的基础教育,九年级学生的留存率将显著提高。

1. 简介

《东帝汶国家教育战略计划2011—2030》规定,到2030年所有儿童都可以接受为期12年(含学前教育和基础教育)的免费、义务、强制性的教育,该优先事项指导了《东帝汶国家教育战略计划2011—2030》的准备工作,特别是优先计划2和优先计划3。到2030年建立一个确保普及和完成基础教育的目标系统将具有直接的规划意义,即到2030年所有儿童都应接受9年制基础教育,因此到2022年所有的儿童都应该进入一年级学习阶段,到2020年男生和女生的入学率都应该超过97%,辍学率应该低于10%。

按照这个逻辑要求,需要在2011至2020年间为《东帝汶国家教育战略计划2011—2030》制定时间规划表。在未来十年,需拓展接受基础教育的渠道,使绝大多数儿童能接受基础教育,提高学生入学率。

基础教育入学人数的预期演变见表3.2所示。

表3.2　　　　　　　基础教育入学人数的预期演变

项目＼年度	2011	2015	2020	2025	2030
基础教育人口计划(6～14岁)	263 773	265 873	250 330	249 725	260 440
总计划人数	305 187	318 648	277 809	272 674	294 228
总入学率	116%	120%	111%	109%	113%

2. 计划方法

基础教育的改善不仅是招生数量和学生数量的问题,同时也是一个教育质量问题。因此需要对教育质量进行改进。

入学率:提供必要的学校基础设施和办公家具,以便为所有学生提供适宜的学习环境。社会和经济因素阻碍入学率,这一问题需要解决。

教学质量:通过改进在职教师培训和人力资源管理,从根本上提高教学质量。

课程:将为所有教师和学生提供一套现代化的、切合实际的、具有地方特色的课程和优质的教学和学习材料。

学校管理:将建立一个新的参与式学校管理系统,以确保教育质量的提高。

基础教育优先方案包括为实现这些质量改进而设计的重要的方法创新。

(1)确保教学质量

《东帝汶国家教育战略计划2011—2030》强调了提高教学质量的必要性。该计划还要求改善教育部内协调和分散的机构(如东帝汶国立大学与国家教师和教育专业人员培训机构)和私人机构。教育的相关性和管理的复杂性有助于建立一个单独的优先计划来确保教学质量。

(2)国家相关课程

发展符合东帝汶实际教育需要的优质课程是建设农村人力资本的关键要素。在与发展合作伙伴的合作下,教育部正在设计和实施一套全新的基础教育课程。课程将教授孩子们关于国家价值观、历史和文化的知识,并且不忽视母语教育,这将促进两种官方语言的融合,并让孩子有机会学习英语和其他外语。

新教科书和支持课程的教师指南已经被引入并且是免费的。然而,最初的分配受到低效率的困扰,许多教科书和教师指南都丢失了,出版滞后或者没有根据学校的需要分配,而解决这些问题也是新战略的一个组成部分。

(3)基础教育模式

教育部提出了一种创新的方法,通过改善基础教育模式来提高基础教育的质量。这种学校组织模式是使用一所大型学校(基础教育学校)作为附近的一群小型学校的管理和行政中心。

基础教育模式将会：

①将孩子的身体、心理、社会和学术成长置于所有学校决策和行动的中心；

②确保每个孩子不分性别、社会或经济地位、种族、身体或智力能力,都有权接受素质教育；

③尊重每个孩子和抚养者的权利,让他们在教育的形式和内容上拥有发言权；

④为一至九年级的所有儿童提供优质教育；

⑤确保社区学校是良好教育实践的典范。

通过提高主要利益相关者(家长、教师、学生、教会和其他民间社会组织)的参与程度来提升基础教育模式服务质量。

一个新的管理和治理结构是基础教育模型的一部分。教育管理原则涉及以学校为基础的课程,以下是四项学校质量标准：

①学校质量管理：结合有效的学校领导、民主决策和响应性战略规划；

②学校效率管理：包括财务、资产、信息通信技术和人力资源管理在内的所有学校效率管理；

③积极的学校环境：确保学校内所有人的身心健康,养成良好的学校管理实践行为,并鼓励学校层面所有利益相关者之间的积极关系(学生、员工、家长和社区成员)；

④学习质量成果：以学校为基础的课程,改善教学与学习、课程实施、教师专业及评估实践。

在这四项学校质量标准范畴内,有一系列的期望指引着学校如何计划和组织运作。

新的基础教育管理系统是由地理"集群"组成的学校教育组织,其组成包括：

①基础教育学校。这些学校提供三个阶段的基础教育(一至九年级),并将为实验

室和图书馆等专门的教育服务提供基础设施。每一个学校群将会有一所大型的基础教育学校(大约有202所这种公立学校);

②中等规模的附属学校。这些学校将提供第一和第二阶段的教育(一至六年级);

③小规模的附属学校。这些是提供第一阶段教育的偏远学校,与最近的中等规模附属学校直接相关。

基础教育模式将包括:

①校长:基础教育集群的校长是大型的基础教育学校的校长,也是学校的总体负责人。校长主要将负责协调学校理事会的运作,并加强与社区的联系;

②副校长:副校长协助校长工作,在学术委员会的领导下,特别关注课程发展、教师调配及教师素质;

③协调员:协助校长和副校长处理行政、财务管理和后勤工作,使群体能够有效运作。协调员将领导一个工作小组;

④合作伙伴:将为学校提供领导参考,并直接向学校的校长或副校长负责;

⑤校董会:包括学校的代表(校长、协调员),以及家长、地方当局和非政府组织的代表。这是民主决策机构,确保在每个群体中实现关键教育目标,制订和实施集群战略计划,并处理有关学校运作的所有新问题;

⑥学术委员会:每个集群都有一个学术委员会。它由所有学校的教学人员代表组成,由副校长领导。它将成为加强学校课程计划实施和发展的工具,提供教学支持、培训、指导和建议,支持学校评估,教师表现以及提高专业精神;

⑦家长教师协会:所有学校均会成立家长教师协会。他们将为家长们提供一个论坛,让他们表达自己的观点,支持各项学校决策。

3. 计划展示

该计划的整体目标是到2015年,95%的合格学生能够接受基础教育,九年级学生的数量将显著提高。

(1)战略

①为校舍提供符合环境条件和本地情况的修订计划,以实现提高入学率以及适当生师比的目标;

②为偏远地区的居民提供合适的学校基础设施解决方案;

③确保所有学校的设备整修达到最低标准;

④巩固和扩大社会包容政策工具以确保入学率和留存率。同时将制定若干措施,以补充目前的学校资助和学校供给方案;

⑤介绍加速学习计划,解决学制内超龄学生的问题;

⑥从2011年的第一和第二个周期开始,分阶段进行新课程的设计、试点和实施;

⑦审查印刷和分发流程,减少印刷材料的成本,并将资源的供应与基础教育需求相匹配;

⑧实施新的、参与式的管理体系,实施新学校质量标准;
⑨建立"自下而上"的学校发展规划系统,以更好地响应实际需要,完成设定目标。

(2)计划结果

分计划 1:确保入学和升学。

成果:根据《东帝汶国家教育战略计划 2011—2030》的教育目标,到 2015 年设计和实施基础设施发展措施,确保入学率和升学率。

结果 1:所有的地理区域都具备足够数量的公立学校教室。

活动:

①根据 2010 年人口普查预测结果,制订一项基础设施发展计划,以实现教育和社会包容优先事项;
②建设和恢复城乡基层大型的基础教育学校、小学和附属学校的数量;
③为所有学校配备设备和适当的教育材料;
④开发和实施一个维护设备的系统。

结果 2:制定和实施其他措施以实现全面入学。(这些措施在优先计划 6 中将得到更充分的解释。)

活动:

①准备并实施一项计划,确保所有儿童享有平等的教育权利;
②分析阻碍学生入学、考勤或导致退学的主要因素;
③设计并实施基于群体的计划,减少辍学人数,增加出勤率和入学率;
④准备并实施一项计划(包括加速学习计划),以减少基础教育中超过年龄的学生人数;
⑤执行各项方案以实现性别平衡,并增加对有特殊需要的儿童的接触。

分计划 2:课程发展

成果:在 2015 年之前,制定相关的和本地化的课程,并提供高质量的教学和学习材料。

结果 1:设计了第一、第二、第三周期的新课程。

活动:

①评估第一和第二周期的新课程框架;
②在学校的第二周期试行新课程,并确认修改;
③设计和制作第一和第二周期的教师和学生用书;
④制定第三周期的新课程框架;
⑤在学校的第三周期试行新课程,并确认修改;
⑥设计和制作第三周期的教师和学生用书。

结果 2:实施第一、第二、第三周期的新课程。

活动:

①在所有学校为教师和学生提供第一和第二周期的新课程最后版本,并分发新的书籍和学习材料;

②为支持新课程，第一和第二周期教师实施特定的持续培训计划；

③为支持新课程，第一和第二周期教师实施具体科目的持续培训计划；

④对第三周期的教师和学校督察进行培训，使他们对课程有大体了解；

⑤为第三周期的所有学校印刷和分发新的教材和学习材料；

⑥为第三周期教师实施连续培训计划。

结果3：印刷教材的成本是合理的，所有的学生教材、教师指南和评估材料都得到改进。

活动：

①审查印刷、采购和分发程序，并找出更有效的替代方法；

②审查打印采购标准使印刷材料的成本合理化，以进一步降低成本；

③优化与财政部的采购协调程序。

结果4：采用基于学生学习成果的数据进行监测和评价新课程的实施效果。

①审查国家考试的标准及其与新课程的一致性；

②与教师和学校督学交流，修改国家考试程序；

③开发和使用工具来评估每一年级学生的学习成绩，以协助改善教学和学生的学习计划；

④对三个周期的课程实施情况进行外部评价总结。

分计划3：学校管理

成果：到2015年，将全面实施能提高参与度、降低教育成本和提升学习效果的新基础教育管理系统。

结果1：设计和实现基于集群的新集群管理系统的计划。

①对基础教育的所有管理职位进行职位描述，并招聘员工；

②为学校委员会（学校、学生及学术委员会）定义职能和角色；

③估算基础教育实施成本（员工、基础设施、设备等）；

④制订并实施新学校基础教育系统计划；

⑤将所有地区的参考学校作为东帝汶良好教育实践的典范，这将成为支持教师培训的中心。

结果2：制定并实施学校管理政策和程序手册。

活动：

①开发学校资产管理系统和程序，包括学校资源的保管，如教育设施、书籍等设备；

②审查及修改学校拨款政策及程序；

③审查和修改学校供给方案的制度和程序；

④为学校、学生及学术委员会的运作制定程序；

⑤审查和设计新程序，提高教育管理信息系统数据处理的质量和速度；

⑥识别、开发和实施在标准操作程序手册中记录的学校新基础教育系统和程序。

结果3：开发和实施了基于成绩管理办法的学校管理人员和技术人员的能力开发方案。

活动：

①确定学校管理者和技术人员的能力发展需求；

②开发和实施培训和指导方案，作为对学校管理和技术人员的支持。

结果4：为学校管理者和其他人开发和实施以结果促进管理的系统。

活动：

①建立内部学校的基础教育监测和评估系统（包括态势图），提供关于访问的信息（例如出席、退学）和质量（例如学生评估的结果）的参考数据；

②制订一项战略计划，为学校设立目标，以提高教育质量，并确定实现这一目标能力的发展需要；

③实施监测和评价体系，制订战略计划目标和制订学校年度计划；

④根据监测和评估系统的信息，制订并实施学校年度计划，提高学校的成绩；

⑤利用基础教育的成绩来评估地区办公室支持的有效性，并寻找与该地区其他学校合作的机会，以提高整体的业绩和结果。

(三) 中等教育(优先计划3)

中等教育改革的长期目标是，到2030年所有的儿童都能够接受高质量的中等教育。短期目标是，到2015年引入中等教育质量和相关性的范式转变，允许学生继续学习在高等教育深造或就业中所需的科学和人文知识。

1. 简介

如果在基础教育方面实现长期目标，到2030年就会实现九年制教育普及化。因此，有必要确保从基础教育毕业的儿童有机会继续上中学，如果他们愿意的话。这是一个中长期的目标。2011～2015年的中等教育目标是质量改革，而不是快速扩张。根据教育部的设想：

①在15岁时，所有从基础教育毕业的学生能够接受中等教育，并获得继续深造或进入就业岗位所需的科学和人文知识。

②学生可以根据他们的技能和喜好，选择普通中等教育或中等职业技术教育。

人们对中等职业技术教育作为社会和经济发展的工具有着很高的期望。整个国家的失业率普遍较高，东帝汶劳动力市场面临着熟练和半熟练工人的严重短缺问题。因此，中等职业技术教育是东帝汶中等教育发展的重点，特别是贫困地区。从长远来看，中等职业技术教育的入学率将超过60%。需要慎重考虑如何最好地教授技术科目，这些技术科目需考虑国家负担能力。

教育部致力于将培训的重点重新定向到未来的技术人员、熟练工人、服务部门和东帝汶的公务员。这将通过与私营部门建立更密切的伙伴关系来实现，并加强与有关政府机构特别是东帝汶国家职业培训与就业部的协调。

普通中等教育的质量也将是一个重要的审查主题。普通中等教育的学生没有接受过专业的职业培训。普通中等教育的主要任务是支持高等教育水平的继续研究。普通中等教育的学生将获得语言、人文、科技和科学的坚实学术基础和学习技能。拓展学习从中等职业技术教育到劳动力市场或高等技术教育以及主要面向大学高等教育的通用课程的途径。

2. 计划方法

（1）质量和相关性

《东帝汶国家教育战略计划2011—2030》需要在教学和学习过程中使用经过验证的、最新的教学方法、评估和技术，特别是在中等职业技术教育中进行教学模式的转变。这将通过部分重组和重新设计普通中等教育和中等职业技术教育课程来教授相关知识和技能，包括批判性思维和社交技能。

新的中等职业技术教育课程，包括通用组成部分，也将基于市场需求和认证标准。将特别关注以下领域：农业、渔业和一般农业领域应用；工程应用（机械、电器和电子）；服务业，特别是面向企业管理、会计、酒店行业和旅游业。

（2）教师供给

为中学教师提供在职进修及职前培训计划将在未来五年内成为重要议题。有必要确保教师能够教授不止一门学科，并能够承担全部教学的工作量。同样重要的是，通过从以教师为中心的方式转向更注重个人学习者的需要，改变中学现有的教学方法。教师将需要保持他们的学科专业化更新和相关性。鼓励他们与工业和市场建立更紧密的联系，在教学中培养创新和创造力。

有必要将技术融入课程中，既作为一门学科，也作为一种教学工具，并在学生评估管理中使用信息通信技术。

（3）途径

在拟订一项必须对若干关键需要做出反应的详细计划后，扩大基础设施和其他备选方案是可行的，例如：①替换过时的和小型的中学建筑，配备现代化的和更大的设施，可容纳多达3 000名学生；②为离家太远的学生提供设施（包括远程教育）；③为中等职业技术教育的基础设施和设备定义一个可负担得起，但仍可提供实验室和教室所需的模型；④帮助经济条件差的学生接受中等教育。

卓越技术中心将设在需求最高的地区，例如苏艾的工程、赫拉的服务业和旅游业。

3. 计划展示

短期目标（2015）

该计划的短期目标是引入中等教育质量和相关性的范式转变，让学生学习到继续深造或进入就业所需要的科学和人文知识。

（1）战略

①设计和实施一项全面的基础设施发展计划（包括足够的办公家具和设备），以供中等教育学校和中等职业技术学校使用；

②新课程框架的开发,将于2015年在所有学校实施普通中等教育和中等职业技术教育;

③将制定和实施一项重新培训和吸引足够数量的有才华的教师的方案;

④将制定和实施新的服务和职前教学培训;

⑤将建立与工业和市场的正式联系,以提供全国和国际工作场所的直接经验;

⑥将实施新的人员配置方案和详细的人力资源管理计划,以确保所需的教师供应;

⑦为中等教育开发新的管理结构。

(2)计划结果

分计划1:普通中等教育

成果:到2015年,实施普通中等教育的实质性质量改进措施。

结果1:2014年制定并实施普通中等教育的相关课程。

活动:

①重新设计和批准普通中等教育的现代化课程,引入新的课程;

②设计、制作和分发新的教师和学生图书资料;

③实施普通中等教育新课程。

结果2:提供足够数量的教师处理工作。

活动:

①为合并普通中等教育制定人员配置方案和学校人员配置文件,确保课程的覆盖面和教学工作量的公平性;

②设计新的在职课程,使教师符合新课程的需要;

③为所有教师实施在职培训计划;

④制订并实施一项计划,确保有足够数量的普通中等教育教师从职前培训体系毕业。

结果3:设计并实施基础设施开发计划。

活动:

①制订计划,发展普通中等教育设施,确保所有学校都有必要的基础设施(包括学校设施和学习设备),以满足新课程和普通中等教育管理结构的需要;

②实施普通中等教育基础设施发展计划。

分计划2:中等职业技术教育

成果:中等职业技术教育将被完全重新设计,并实施新的课程。

结果1:确定并执行了一个适用于协助满足国家发展优先计划的可负担的中等职业技术教育模式。

活动:

①起草一份中等职业技术教育交付模式的批准法令;

②建立一个协商工作组,以协助新的中等职业技术教育模式的阶段实施;

③在与利益相关者协商的基础上,制订出一份基于中等职业技术教育的实施计划,

包括成本和时间框架；

④执行公司的计划和年度评估。

结果2：2015年开发并实施了一套新的中等职业技术教育课程。

活动：

①为中等职业技术教育设计一个课程框架，其中包括基于市场需求的主题领域，与东帝汶国家资格框架相联系并保持一致；

②设计、制作和分发与新课程框架相一致的中等职业技术教育教师和学生书籍材料；

③实施新的中等职业技术教育课程。

结果3：提供足够数量的教师，以保证教师处理工作的效率。

活动：

①开发人员配置公示和人员配置文件，以确保扩大中等职业技术教育，确保课程的覆盖面和教学工作量的公平性；

②设计和实施新的在职课程，以符合新课程的需要，或使教师重新符合资格；

③设计并实施一个项目，以留住和吸引足够数量的优秀教师进入中等职业技术教育；

④为中等职业技术教育建立专门的教师培训设施；

⑤制订并实施一项计划，通过职前培训，确保有足够数量的合格的中等职业技术教育教师毕业。

结果4：设计并实现了中等职业技术教育基础设施开发计划。

活动：

①准备一个计划（基于现有设施和资源的地图应用），开发中等职业技术设施，以确保所有学校都有必要的基础设施（包括学校设施和学习设备），以满足新课程和中等职业技术教育管理结构的需要；

②建立与当地市场机会有关的区域中心战略，并优先考虑最需要的领域，确定新的中等职业技术教育学校的建设领域；

③实施中等职业技术教育基础设施发展计划。

结果5：扩大从中等职业技术教育到就业或接受高等教育机会的途径。

活动：

①建立中等教育技术委员会，由主要市场部门和其他利益相关方参与，为毕业的学生提供有效的就业途径；

②制订特别计划，让教师和学生在实际工作环境中受益于培训经历；

③与东帝汶国家职业培训与就业部合作制定并实施一项战略，以使学生获得适当的受到高等教育的机会，特别是确保对获得国家资格的综合方法的认可；

④制定并实施一项策略，使学生获得适当的就业机会，与东帝汶国家职业培训与就业部的活动相结合，允许双重认证。

分计划3:中等学校管理

成果:到2015年,全面实施了一项新的中等教育管理制度,提高了参与率、教育成本效益和学习成绩。

结果1:制订并实施了中学教育管理系统计划。

活动:

①为新中学教育系统的所有管理和行政职位定义职能和职位描述,并招聘员工;

②定义学校委员会(学校、学生和学术委员会)的职能和角色;

③评估中学教育管理系统的实施成本(员工、基础设施、设备等);

④制订并实施新的中等教育管理体系计划;

⑤为所有地区的中等教育提供参考学校,作为东帝汶的良好实践模式,并且成为支持教师培训的中心。

结果2:制定并实施了学校管理政策和程序手册。

活动:

①制定并实施学校的资产管理制度和程序,包括学校的资源,如学校设施、书籍和其他设备;

②审查和修改学校的助学金政策和程序;

③制定学校、学生和学术委员会运作的程序;

④审核并修改程序以提高教育管理信息系统数据处理的质量和速度;

⑤确定、开发和实施在标准操作规程手册中记录的中学教育系统的新系统和程序。

结果3:为学校管理人员和技术人员制定了能力发展方案。

活动:

①确定学校管理者和技术人员的能力发展需求;

②为学校管理和技术人员制定并实施培训和辅导计划。

结果4:为学校管理人员和其他人开发和实施系统,以促进管理的结果。

活动:

①建立内部的中学监测和评估系统(包括态势图),以提供有关访问的信息(例如出席率、辍学率)和访问质量(例如学生评估的结果);

②制订一个战略计划,制定目标,以提高教育的获取和质量,并确定实现这一目标的能力发展;

③实施监测和评估系统,评估战略计划目标的实现情况和学校年度计划的制订;

④根据监测和评估系统的信息制订和实施学校年度计划,以提高学校的表现;

⑤利用中等教育展示的信息,评估区域办事处支援的成效,并找出与该区域或地区其他学校合作的机会,以改善整体表现和结果。

(四)高等教育(优先计划4)

高等教育改革的长期目标是到2030年,高等教育系统的毕业生具备分析、设计、建设和维护东帝汶社会经济基础设施的先进技能和知识。短期目标是到2015年,为巩固建立全面、综合的高等教育体系,实行严格的公营机构和私营机构的质量标准,提供相关的技术和大学教育,与私营部门和市场建立牢固的联系和伙伴关系。

1. 简介

高等教育分为后中等技术教育和大学教育。这两个分支的主要目标如下:

(1)后中等技术教育提供专业的应用课程,在发展更广泛的教育能力的同时发展实用技能。它主要吸引学生完成中等职业技术教育。

(2)大学教育的重点是调查和创造知识,为进一步的学习和研究提供广泛的科学、技术和文化基础或为进入劳动力市场做准备,主要录取成功完成普通中等教育的学生。

后中等技术教育课程是由理工学院、培训机构或与理工学院有关的合同机构提供的,并具备国家证书资格。大学教育课程由大学、学院或相关机构提供,并符合1999年《博洛尼亚宣言》的资格标准,该宣言规定了高等教育资格的国际标准。

提供高等教育的公立和私立机构需要提高其课程的质量和相关性,以便更好地满足该国的社会和经济需要。这包括提供与劳动力市场直接相关的课程,并促进创新和企业技能的发展。将资助两种形式的高等教育,以确保服务提供的最大范围和质量。资金的范围和形式将作为一种国家教育战略计划活动来处理。

2. 计划方法

《东帝汶国家教育战略计划2011—2030》将致力于以下领域:

(1)管理高等教育系统

一个关键的成功因素是建立一个有效的管理系统来协调政府的干预,并设定优先目标和预算。一个连贯而良好的协调系统需要一个强大的转向机制,这一机制将在2011年之前到位。教育部的能力不足以领导高等教育的发展,这需要大量的行政、协调和监管支持。中等职业技术体系需要从中等教育水平发展成技术教育和培训的一个组成部分。加强目前的部门组织结构,将促进这一整合。

(2)建立质量保证监管体系

提高后中等教育系统质量的一个关键因素是资格框架。到2012年底,将建立和运行全国质量管理委员会秘书处,国家资格证书将在国家质量框架上登记。应最大限度地遵循东帝汶国际认可的框架,一开始是在与其有密切的教育和经济联系的国家,随后来自其他国家。另一项重要的发展是建立一个国家质量保证机构,它将负责确定所有5级以上教育和培训的质量保证标准。这将在2011年生效,并将制订实施机构和方案评审的五年计划。在实施过程中,由国家学术评估和鉴定机构进行的质量保证评估的结果将会影响教育部的战略和政策决定,反之亦然。到2015年,国家学术评估和鉴定机构将成为信息产业部监管和监督机制的关键参与者,这有助于更好地管理高等教育分部门。国家学术评估和鉴定机构将与高等教育机构合作,提高教育服务的质量。它的区域和国际一体化和与其他质量保证机构的接触将加强对东帝汶高等教育机构和资格的认证。

(3)提高高等技术教育的知名度和范围

公共资助的理工学院将成为新的卓越中心,以协调后中等技术教育。将在圣保罗建立一个专门从事旅游业和酒店业教学的职业技术学院这些理工学院的网站已经确定。正在规划与现有的中等职业技术教育和职业培训机构联系和整合。

(4)学生完成

一个机构数据库和一个学生信息系统将优化方案交付,设计更好的支持方案并跟踪学生的进展。将制定经济支持措施,例如内部奖学金、学生贷款和其他机制,以激励学生(特别是来自偏远地区的学生)参与和完成教育。

(5)课程发展和教师培训

有计划地为理工学院和相关的供应商设计和实施质量课程。将会提供职前及在职教师培训课程。

3. 计划展示

短期目标是到2015年,为巩固建立全面、综合的高等教育体系,实行严格的公营和私营机构经营质量标准,提供相关的技术和大学教育,与私营部门和市场建立牢固的伙伴关系。

(1)战略

①建立一个院校间的协调制度,以更好地管理和资助高等教育机构;

②建立一个适当的监管框架来界定制度的范围和机构的角色,这些机构规范、资助和运作高等教育机构;

③修改教育部目前的组织结构,以协调高质量高等教育的发展,并协助发展中学教育和高等教育提供者之间的联系;

④制订高等教育的能力建设计划,为系统提供重要的行政、统筹及规管支援服务;

⑤建立国家质量框架和国家质量框架秘书处,以实现在《东帝汶国家教育战略计划2011—2030》中设定的目标;

⑥认证高等教育机构和他们提供的课程;

⑦要相互承认东帝汶的资格和其他国家的资格,特别是那些与东帝汶有教育和经济联系的国家;

⑧建立健全国家学术评估和鉴定机构职能的法律框架,建立和完善必要的人力资源和财政资源;

⑨支持高等教育机构制订和实施质量改进计划;

⑩通过定义目的和结构、建立设施、设计课程和培训讲师来建立职业技术体系;

⑪制定一套措施,提高学生参与和完成高等教育的能力。

(2)计划结果

结果1:高质量的管理体系已到位,以确保所有政府干预高等教育的有效协调。

活动:

①制定协调制度,包括监管框架,以确保分配给高等教育的资源符合国家发展优先次序;

②建立一个框架和机制,以确定和收集有关高等教育提供者的数据,并确保它们符合国家优先发展目标;

③建立公平的政府资助机制,支持优质高等教育;

④建立政府购买高等教育和培训课程的体系,这些教育机构被认为是国家发展的优先领域;

⑤制订和实施高等教育能力建设计划,支持管理的改进。

结果2:通过建立和完善质量保证管理体系,提高高等教育质量。

活动:

①建立国家学术评估和鉴定机构来制定机构认证程序,包括所需的手册,使其能够实施认证计划;

②认定符合标准程序的高等教育机构;

③建立国家学术评估和鉴定机构以制定项目认证程序,包括所需的手册,使其能够实施认证计划;

④为学生提供获得认证的课程、教育和培训,以改善学生的学习机会,提高学生的教育水平;

⑤颁布法令,并为国家质量框架设立秘书处;

⑥在国家质量框架上注册所有国家资格,并建立清晰的路径,为学生提供最大的机会;

⑦与其他国家签订协议以实现对东帝汶资格的承认,以使学生学习途径具有流动性和灵活性;

⑧开发和维护一个电子门户,帮助学生和机构识别职业和学习途径,包括确定与国际同等的资格。

结果3:高等教育机构由合格的讲师组成。

活动:

①为所有在高等教育机构授课的人士设计和实施在职专业发展计划;

②建立一个系统来监测高等教育机构的教学质量。

结果4:通过建立有效的职业技术体系,扩大了高等技术教育机会的范围。

活动:

①开发和实施新的职业技术体系;

②在技术体系内开发和实施课程;

③设置资格要求,并提供培训,为将在新技术学院工作的讲师和管理者做好准备;

④在教育部内部建立一个董事会,协调新的职业技术体系,建立董事会的能力;

⑤使用国家质量框架发展道路,允许其在理工学院和其他高等教育机构之间通行;

⑥制定并实施一套系统，以配合理工学院提供的课程；

⑦与国际"职业技术"组织建立联系，协助学生和员工进行持续的专业和课程发展。

结果 5：提高学生高等教育的完成度和参与度。

活动：

①建立一个系统来跟踪学生的信息，包括成就水平、完成率、就业结果和社会包含指标；

②建立一个支持性的学生资助体系，例如内部奖学金和学生贷款，以激励学生的需要或激励学生学习科目，这是政府政策决定的优先领域；

③建立灵活、远距离的学习系统，包括电子学习形式，促进高等教育机会均等。

(五)继续教育(优先计划 5)

继续教育的长期目标是到 2030 年，所有东帝汶人都能识字，继续教育系统主要集中于为成人提供"国家等价项目(NEP)"。短期目标是到 2015 年，在所有年龄组中彻底扫除文盲，并完成《新条例》的实施，这将使所有学生都能加速完成基础教育。

1. 简介

继续教育是为那些没有完成基础教育的人而设计的。东帝汶有可能到 2015 年实现消除 15~24 岁的文盲这一千年发展目标，然而，继续为识字计划毕业生提供支持，以确保他们保持识字水平以及所取得的成果，这将是一个挑战。

除扫盲方案之外，继续教育的目的是通过提供与中等教育同等的机会来弥补教育差距，并在这些分部门提供同样的资格。《东帝汶国家教育战略计划 2011—2030》为实现这些目标加速了学习课程的进度。第一级等效计划减少了完成第一个和第二个学习周期所用的时间，缩短为三年。第二级等效计划减少了重新运行的时间以完成第三个周期，时间缩短为两年。课程开发和实施方案已经逐步实施。在新课程的发展方面，已经取得了重大的进展，该课程正在试行，并已开发出优质的教学和学习材料。扩大等效方案的挑战和成本将比扫盲方案高得多，尽管继续教育使用的交付机制与传统的基础教育方案相比，每个学生的费用将降低。

2. 计划方法

将现有的系统容量提高 80%，可以充分实现 2015 年扫除文盲的规划目标。到 2015 年实现千年发展目标的目标包括增加对"Sim Eu Posso"和"Alfanamor"这些为东帝汶设计的扫盲计划的应用。

在其发展伙伴的帮助下，东帝汶政府正在发展和扩大继续教育方案的范围。在 2011 年，它将设法在所有 442 个乡镇中达到充分的工作能力，并将最初的扫盲方案提供给大约 5 万名青年和成年人。政府有信心在 2015 年完成在东帝汶消除成人文盲的总体目标。为了巩固这些成果，在继续教育中有一些方法将被使用，如下所述：

(1)远程教育

在基础素养的培养中，继续教育所取得的重大成就是使用远程教育。在高质量的视频资料和教室监测员的支持下,使用由社区租用或提供的教室。该方案在获取社区参与和支持方面取得了重大成就。同样的方法将用于扩大方案以实现《东帝汶国家教育战略计划2011—2030》目标。

(2)社区参与和支持

社区参与和支持扩大方案以及保持国家扫盲运动的高水平是至关重要的。为了实现这一点,政府正在开发宣传工具。

(3)社区中心

通过在各区设立社区教育中心,加强国家教育计划的实施。这些社区中心不仅提供基础教育,还提供其他相关技能,帮助人们的日常生活,支持政府促进就业和健康的目标。

(4)课程发展和教师培训

计划进一步发展和实施新课程。将会有更多优质的教学和学习材料以及在职教师培训课程的制作和印刷。

(5)计划管理

虽然消除文盲和提供有效的对等方案的目标是可实现的,但提高能力,特别是提高继续教育理事会的管理能力这一点至关重要。这种能力建设方案应有助于确保活动的协调,包括国家和国际人员成功规划和实施学习方案的能力。

3. 计划展示

到2015年,在所有年龄组的人口中完全消灭文盲,并完成国家等价项目的实施,这将使所有学生都能加速完成基础教育。

(1)战略

①提高实施初始扫盲计划的能力,在所有乡镇中配备442个教室实施"Sim Eu Posso"计划,配备263间教室实施"Alfanamor"计划;

②继续进行社区宣传,以保持全国扫盲运动的高水平,并使用新的通信技术手段实现这一目标;

③确保扩大扫盲方案,以维持在初步扫盲方案中取得的进展;

④继续并扩大利用电视作为远程教育的教学辅助手段,通过普及扫盲课程和教育方案,促使那些不识字的人接受扫盲课程;

⑤在所有65个分区内提供继续教育社区中心,以全面展开对等计划;

⑥继续设计、试行、实施和监测国家教育计划课程,将在2012年达到最高水平(相当于基础教育的第三个周期),并在2014年完成;

⑦增加合格教师的数量,以确保"国家等价项目"的教学能力;

⑧在继续教育理事会和其他教育部门之间建立强有力的制度联系,以便完成"国家等价项目"的毕业生拥有有效的途径进行深造;

⑨与其他教育分部门确定并建立共同的核心课程和评估要求;

⑩制订并实施新的在职和职前教师培训计划；

⑪设计和实施能力建设方案，使各地区办事处的继续教育领导和工作人员有能力实现《东帝汶国家教育战略计划 2011—2030》的目标。

（2）计划结果

结果 1：基本识字计划在所有 442 个乡镇中起到了非常好的效果。

活动：

①提供和装备教室，以便在所有 442 个乡镇中提供足够的初始扫盲课程；

②提供和装备教室，为所有 442 个乡镇提供足够的后扫盲课程；

③统筹及监察扫盲计划的执行情况。

结果 2：通过制定和实施有关的国家对等方案课程，提高了继续教育的质量。

活动：

①设计和测试国家教育计划第一阶段的第二部分；

②制作和分发初级教师和学生书籍以及其他教学和学习材料；

③设计和测试国家教育计划的第二阶段；

④制作和分发第二阶段的教师、学生书籍和其他教学、学习材料。

结果 3：通过招收和培训足够数量的教师，提高了继续教育的质量。

活动：

①识别初始读写能力、与国家等价项目相关的能力和资格；

②确保有足够数量的教师来满足预期的需求；

③定义工资预算和其他影响合格教师数量的问题；

④准备一个计划并实施，招募必要数量的教师，并确保他们融入教师职业制度中。

结果 4：国家教育计划的发展使得所有的毕业生都可以轻松进入正规的教育系统。

活动：

①开放 65 个社区中心，发展国家教育计划；

②确保国家教师和教育专业人员培训机构的教师培训团队和教师培训课程顺利过渡到信息系统；

③确保国家教育计划与其他正规教育项目的整合；

结果 5：增加国家继续教育理事会的能力，以确保《国家教育发展计划》的执行。

活动：

制订和实施国家继续教育理事会的能力建设计划。

（六）社会包容（优先计划 6）

长期目标是到 2030 年，提高社会边缘化群体的受教育权利，确保他们能够完全获得与社会主流教育相同的机会、权利和服务。短期目标是在 2015 年充分实施一项社会包容性政策并得到资助。

1. 简介

社会包容倡议的目标是支持全民教育,特别强调消除妨碍妇女、残疾人和失学儿童参与和学习的障碍。包括:①那些接受教育但被排除在学习之外的人。②那些没有进入学校但拥有该权利,并且能够满足他们的需要的人。③需要额外支持的残疾儿童。

在东帝汶,有必要考虑下列情况:

①女性教育。确保女性在各级教育中享有同样的权利。性别差异在中学教育中开始出现,在高等教育中更为明显。

②有特殊需要的孩子。国际计划组织的一项研究显示,在东帝汶的小学生中,有1‰的孩子有某种残疾。关于失学残疾儿童的资料很少。

③重返社会的流离失所的人群。最近的和平与稳定使国内许多流离失所者有可能返回他们的原籍地,重新开始正常生活。这些人在社会和经济上都处于不利地位,他们的重新融合是提高入学率和留存率要面对的一个问题。

④社会经济条件。东帝汶的贫困程度很高,特别是在农村地区。贫困家庭的孩子经常为家庭生计做出贡献。制定允许这些贫困家庭送孩子上学的措施是《东帝汶国家教育战略计划2011—2030》中一个重要的焦点。

⑤其他妨碍注册和留存的情况。还有其他原因可能会阻碍入学,例如教育相关的费用(例如书籍和校服),学校的距离,学校建筑的不足(特别是水和卫生设施的缺乏),学校的暴力和家庭对教育质量和利益的看法。需要更好地理解这些问题的根源,以便充分地加以解决。

⑥在教育中不充分使用母语(第一语言)。在许多区域,当孩子开始接受教育时,他们不会说德顿语或葡萄牙语。在这些情况下,如果用一种他们不懂的语言来教他们,孩子们将很难学习。到目前为止,教师还没有接受过使用母语作为教学语言的教学方法培训。

社会包容优先计划跨越所有教育分部门,因此,这项优先计划将有具体的次级方案,按照类型和教育分部门来解决这些问题。需要实现的最关键的短期结果是制定一项社会包容政策,使它能够有效地指导执行一些可以与其他政府机构协调的行动。初步工作已经开始,将有助于未来的政策发展。

2. 计划方法

教育部已着手解决上述一些问题。即使在没有具体的社会包容政策的情况下,也正在执行各种方案,例如学校供给方案、学校捐赠方案、包容教育办公室。其他的创新将被引入到目前为止所做的工作中。

(1)新政策和体制框架

教育部将制定社会包容政策和实施框架。这将包括一个追踪活动结果的系统,以监测各种次级方案的预期结果,例如入学率和辍学率。必须进行进一步的体制改革,以确保在设计长期和短期目标方面提供全面的指导,并在实践中进行充分的监测和评价。

有许多可以探索的社会包容措施,这些措施包括有条件的现金转移、奖学金、贷款和补贴。这些政策行动应该明确定位,并获得经济支持。

(2)性别平等

在与国际发展伙伴合作的情况下,教育部在确定促进两性平等的战略方针和初步行动方面取得了良好进展。2010年制订了一项关于教育性别平等的全面计划。确定了具体措施,以促进妇女参与中等和高等教育,包括出国深造。一个重要目标是大幅度增加女教师的数量。女教师的数量与女生的入学率和成绩之间存在很强的相关性。

将探索使用内部奖学金和其他宣传方案。其目的是鼓励和协助居住在主要城市地区以外的妇女参加在各主要中心提供的教师职前培训。

(3)在教育中使用母语

地方倡议和国际研究的教训和成果表明了使用学习者的母语对提高教育成果和促进全民教育的重要性。母语作为教学语言,特别是在早期会直接影响学习的相关性和质量。如果语言就是促进学习的桥梁,那么教育政策中的民族语言就是社会包容政策的关键组成部分。教育部将推动一场全国性的辩论,以确定教育政策中国家语言的基础作用。

(4)有特殊需求的儿童

解决儿童权利问题的方案将集中于消除学习障碍,以确保儿童被纳入所有教育领域。将在国家、区域、地区和社区一级为有特殊需要的儿童推广全纳教育。这些活动最初将集中于202个基础教育学校群,包括宣传和提高认识,成立全纳教育协调中心,培训专业发展教师,以及在每个集群中建立参与性的全纳教育支持小组。包容教育办公室将支持这项工作。

盲童将受益于盲文的引入,聋哑学生将需要使用手语。这将需要教师和助手的专业培训。

3. 计划展示

总体目标是在2015年充分实施一项社会包容性政策并且该政策得到充分资助。

(1)战略

①制定和实施一项社会包容性政策,并在教育部新的有机结构内为这一优先计划提供适当的机构支助;

②提高国家、区域和地区总监参与制订社会政策计划的能力,了解和实施社会政策工具;

③为政府内部协调提供支持和服务,以促进千年发展目标的实现;

④介绍内部奖学金、贷款和其他机制,促进妇女参与教师培训,增加女教师的数量,特别是在中等和高等教育中的数量;

⑤研究项目的可行性,在教育中引入母语的使用,提高儿童入学率,降低辍学率,提高整体教育成果;

⑥发展和实施一项计划,在早期教育中引入母语;

⑦增加社区参与意识,加大对社会包容措施的支持;

⑧将全纳教育作为职前和在职培训课程的主题。

(2)计划结果

结果1:到2015年实现所有教育领域的性别平等。

活动:

①增加教育部的工作人员人数,以便查明和处理与性别有关的问题;

②通过长期开展有针对性的活动,提高对性别平等的认识;

③建立明确的程序和监测系统,消除学校的性别暴力;

④设计和实施一项奖学金计划,以增加能够进入中等和高等教育的女生的数量;

⑤审查所有教育领域课程的充分性和"性别友好度",特别是在中等和高等职业技术教育方案中;

⑥制定和实施方案,增加获得奖学金而出国留学的妇女人数。

结果2:有特殊需要的儿童的基础教育净入学率得到增加。

活动:

①在每个基础教育学校建立学生特别需要协调中心;

②提供培训和专业发展指导,以支持每个基础教育学校的全纳教育团队;

③提高对中等及严重残疾儿童学前教育重要性的认识,以便为他们进入主流基础教育做好准备;

④建立国家和区域资源和支助中心,使其成为培训、资源、信息、专业发展(盲文和手语)的催化剂;

⑤在基础教育学校为残疾儿童建立一个友好的环境;

⑥审查现行政策、法律、法例及有关特殊需要儿童教育的程序,特别关注全纳教育。

结果3:制定社会边缘群体教育权利的政策和措施,确保这些群体的教育权利得到保障。

活动:

①制定和实施社会包容政策,以保障社会边缘群体的教育权利;

②制订一个金融投资计划来评估社会包容政策的实施成本;

③确保为实施社会包容政策提供适当的融资;

④提高相关主管部门的能力,规划和管理社会包容计划和工具;

⑤为政府内部协调进程提供支持和服务,以促进落实东帝汶国家优先计划和实现千年发展目标;

⑥在地区建立参考学校,为学生提供更大的机会,为教师发展提供良好的实践模式。

结果4：增加了在教育中使用母语的机会。

活动：

①设计并实施一项计划，在教育早期引入母语；

②根据试点阶段的结果，在教育政策方面发展一门语言，并起草必要的法律修正案，以便在教育初期为使用母语提供机会；

③制定并实施一套新的课程框架，围绕国家教育政策的规定，以满足法律的要求发展和生产。在课程框架中合理分配教学和学习资源；

④评估母语的引入对取得关键教育成果（入学率、在校率、学习情况和促进官方语言的发展）的影响，并对所选学校的基线和结果进行比较；

⑤修订在职教师培训课程的内容和重点，包括教育政策中的国家语言；

⑥修订教师的国家能力框架，将国家语言纳入教育政策。

（七）提高教学质量（优先计划7）

长期目标是到2030年，在所有学前教育、基础教育、中等教育和继续教育中，由受过良好训练的合格的教师提供优质教育。短期目标是到2015年，通过大幅提高学前教育、基础教育、中等教育和继续教育的教学质量，提高教育质量。

1. 简介

由于缺乏高质量的教师培训，东帝汶的教学质量在近10年内未得到提高。全国大部分教师都没有达到教师的最低资格。职前培训欠佳、不足、过时。直到2010年，短期在职培训干预的影响有限。

许多教师在职业生涯开始时，学科知识贫乏，教学技能薄弱，在东帝汶的两种官方语言中没有完全的工作能力。这种情况正在改善，但仍面临许多挑战。目前正在制定一项新的教师培训法，以指导和关注教师的培训。它的目标是：

①确保在东帝汶的教师受过良好的训练，具备正确的知识、技能和态度，帮助所有的孩子充分发挥他们的潜能；

②建立一套统一的系统，在一套完整的国家质量框架认可的证书、文凭和学位证书的基础上将学前服务和在职培训相结合，使之成为终身学习的过程；

③确保教师在职业生涯的各个阶段都有机会提升自己的知识水平和技能水平；

④建立一个加强和发展现有政府教师培训机构的制度；

⑤培养一批高素质的教师教育工作者。

教师教育和培训的总体目标是：

①改变与训练相关的态度；

②机会平等；

③基于提升能力的方法；

④提高教师教学水平；

⑤职前和在职教师培训之间的协调系统；

⑥终身学习的重要性；

⑦数据和研究驱动的政策发展；

⑧基于教师职业制度的职业生涯结构；

⑨在学校开展实践训练；

⑩发展质量保证体系。

教师培训法将包含上述原则。教师职业结构的引入将促进教师队伍的专业化，提高教师的工作表现和素质。

2. 计划方法

教育部正在努力通过解决以下关键问题来提高教学质量。

(1) 教师职业管理

制定促进教师职业发展的公平制度，这将为基于业绩和资格的加薪制定明确的步骤，并且引入一个更适合于教学服务的绩效评估体系。建立基于教师优点和教师机会均等的晋升评估机制。

(2) 管理教师的供求关系

扩大招聘合格教师的数量。将实施一套准确预测教师供求的新系统。为确保必要的供应，教育部将通过提供奖学金、助学金和学生债券的计划来刺激参与。未来工资水平需确保教师的职业生涯与就业前景。

全国所有合适的候选人都有机会成为一名教师，但要强调在2030年以前，需要在教师队伍中重点招募女性来实现性别平衡。培训需要灵活，将满足各教育部门以及额外教师的课程领域和不同地理区域教师短缺的预期需求。

(3) 教师发展

保证在所有的学校中都能达到类似的教师质量水平至关重要。部署系统的设计是为了确保招募到好教师。

(4) 职前培训质量

职前培训质量问题将通过以下手段加以解决：①提高国家教师专业人员培训机构的水平，使其能够提供认证职前资格；②加强对所有职前机构课程的审查；③将增加学校经验作为培训计划的一部分。

能够进入教师培训的人员的素质将得到控制。新的导师会被招募，现有的导师将提高技能。为了最大限度地利用教师时间，第三个周期的职前培训课程和中等阶段的培训课程将要求教师从事更多学科的教学，这意味着当有需要的时候，教师可以教授第二门学科。

(5) 职前培训效率

引入模块化、灵活和成本效益高的培训系统。将为密集的教师培训课程开发新的交付系统，这些课程有助于获得资格证书。教育部将推出创新的远程教育传递机制，以补充面对面的培训。教育部将继续衡量所使用的培训方法的有效性和效率。

(6)对教育质量的影响

新的教师职业制度、更公平的薪金、更好的培训和资格是必要的,但不足以确保提高教育质量。改进的教学方法必须在课堂上实际应用,教师必须每天教授规定的课时。教师必须积极主动,并能很好地完成预期的素质教育。将制定一项"最终影响指标",以评估改革如何有助于提高教育质量和这些改革的成本效益之间的联系。

3. 计划展示

短期目标是到2015年,通过大幅提高学前教育、基础教育、中等教育和继续教育的教学质量,提高教育质量。

(1)战略

①确保所有现有教师符合最低法律标准;

②提高职前教师培训课程的质量,以审查课程及所在学校的实际经验;

③提高职前和在职培训的能力,将国家教师和教育专业人员培训机构升级到学术机构的地位,并至少开设三个新的区域培训中心;

④提高职前机构教师的学术和专业素质;

⑤制定具体措施,吸引有资格的学生参加职前培训课程,并降低辍学率;

⑥审查教师培训课程,制定一套模块化的在职培训策略;

⑦利用远程和基于集群的教育方法开发各种在职培训内容;

⑧根据教师的要求,实施教师绩效考核制度;

⑨使用绩效评估的结果来确定在职培训的优先次序;

⑩开发和实施改进的系统,以改进对教学人员的管理。

(2)计划结果

结果1:通过引进优质的人力资源管理系统,确保资源的使用效率和效益,以达到预期的教育效果,促进了教师的卓越教学和专业水平的提高。

活动:

①根据优点和绩效来实施新的教师职业制度;

②建立教师绩效评估体系,利用课堂实施的教育质量保证体系;

③建立一套预测和管理所有教育领域教师供求的系统,并实现使用《东帝汶国家教育战略计划2011—2030》建立的目标;

④制定和实施新的教师部署政策,确保边远地区和农村地区的教学质量,为所有女教师提供公平的机会;

⑤制定、实施和确保针对新措施(如奖学金、津贴和联系制度)的沟通,以确保合格的学生进入职前培训;

⑥制定和实施人力资源管理程序和目标,以确保在所有教育区域和地理区域的教师队伍中实现性别平衡;

⑦引入基于绩效的程序,以确保根据教育部和公务员委员会制定的标准招聘新教师;

⑧实施导师培训课程,让更有经验的教师在新教师入职期间协助他们;

⑨为教师管理系统的测量和监控制定一个适当的框架;

⑩建立机制以提供持续的需求分析,为所有教师提供持续的专业发展机会。

结果2:在2015年,教育部加速设立了相关的在职培训体系,使所有教师达到最低质量标准。

活动:

①介绍一种与国家教师资格框架相联系的新型模块化、学分制教学体系;

②开发新的、灵活的系统,提供在职培训,逐步引入远程教育工具;

③培养高技能的国家在职培训人员,减少对国际援助的依赖;

④开发和实施新系统,以监控和提高在职培训系统的效率;

⑤确保培训方案与教师职业制度保持一致;

⑥开发和实施系统,以监测和评估在职培训内容在课堂上的应用;

⑦制定和实施测量系统,以评估和监测服务投入对提高教育质量的影响。

结果3:在2012年制定了一个系统,以确保服务机构提供足够数量的教师来满足教育部的要求。

活动:

①制订和实施一项计划,提高公立和私立机构的水平,以提供优质的教师职前培训;

②提高教学计划的质量和适切性,使教师具备教育部要求的能力,确保课程以可衡量的学习成果为基础,并符合国家学术评估和鉴定机构计划的认证;

③确保公共部门教师培训机构的扩展计划足以确保毕业生的数量,符合教育部的需求估计;

④制定新的措施来吸引和留住足够数量的合格教师;

⑤采取切实可行的方法,使学校的经验成为教师职前培训的一大部分。

二、教育管理改革

《东帝汶国家教育战略计划2011—2030》的实施需要对教育系统管理质量进行重大改变和实质性改进。

教育部的管理能力薄弱一直是持续性的问题。国家发展总局(NDA)在2002—2007年中就指出了这一点,随后又在2003年和2008年的全国教育大会上强调了这一点。主要利益相关者一致同意,为了实现国家所要求的教育成果,教育部必须面对和解决以下挑战:

(1)实现千年发展目标所需水平的能力不足。

(2)控制预算执行质量和避免腐败的能力较弱。

(3)缺乏重点,为所有人提供优质教育的能力有限。

(4)缺乏连贯一致的教育政策和全行业的战略眼光。

关于这些问题的规模和起源以及其他管理问题的描述在第一章《形势分析》中已经说明。东帝汶政府面对这些挑战的初步对策是解决以下问题。

(1)一种新的教育政策

教育部向部长理事会提交的国家教育政策于2008年2月27日获得批准。该政策确定了教育部门的目的和主要目标,并确定了管理教育改革所必需的新系统。

(2)一个新的组织结构

根据2008年1月16日颁布的第2/2008号法令建立的教育部的《新组织法》,为实施教育政策中确立的改革在所需要的新的体制结构方面做了一些努力。在2008年期间,教育部通过征聘区域主任和学校检查员来巩固新结构的实施。2010年(根据12月9日第22/2010号法令)对组织结构进行了进一步修订和完善,以更好地使教育部的结构与《东帝汶国家教育战略计划2011—2030》中制订的重点教育政策和优先计划保持一致。

(3)一部新的立法

2008年的《国家教育法案》是朝着建立教育体制的全面法律框架迈出的重要一步。

(4)教育预算大幅增加

尽管执行质量存在问题,但预算从2006年7月的3 500万美元增加到了2011年的1.32亿美元。教育部能够拥有妥善实施《东帝汶国家教育战略计划2011—2030》优先计划1~7所需的资源是实现教育目标和成果的一个明确的先决条件。

如《东帝汶国家教育战略计划2011—2030》第四章所示,实现这些计划需要大幅增加公共部门在教育方面的支出。提高执行能力是管理改革的一个关键因素,为了增加公共资源在教育方面的投资,东帝汶政府和全国教育大会需要确保提升教育部的管理能力。

《东帝汶国家教育战略计划2011—2030》的第一章第二部分旨在解决改革教育管理最关键领域的需求,以此作为实现2030年理想教育成果的先决条件。所有这些管理改革计划都设定了严格的时限,大部分成果都需要在2015年之前实现。为实现2030年教育成果,教育部必须首先在2015年实现核心管理成果。

到2015年实现的管理重点计划如下:

(1)综合管理

综合管理职能将得到加强,以提供管理实现《东帝汶国家教育战略计划2011—2030》成果所必需的战略和行政程序的能力。

(2)人力资源管理

设计并实施有效的人力资源管理所需的系统和程序,以改善工作人员的部署,专业发展和业绩。

(3)解除集中和组织改进

区域和地区当局将拥有结构及组织系统和人力资源,以便向使用它们的人提供部门服务。

(4)信息通信技术(ICT)与管理信息系统(MIS)

教育部将能够在国家、区域、地区和学校管理层面适当使用信息通信技术与综合管理信息系统,从而完善有效的管理系统。

(5)规划和预算

教育部将有能力根据证据和准确的信息制订质量计划。这些将被纳入明确定义的优先计划预算中。

(6)协调有效的捐赠者

教育部将制订全部门的方法来协调其发展伙伴的支持,以协助实施《东帝汶国家教育战略计划2011—2030》和实现所需的成果。

(一)综合管理改革(优先计划8)

总体目标为加强综合管理职能,提供管理实现《东帝汶国家教育战略计划2011—2030》成果所需的战略和行政程序的能力。

1. 简介

该计划强调的综合管理职能包括:①部长在《东帝汶国家教育战略计划2011—2030》实施的总体协调和管理中的作用;②总干事作为主要管理者确保有效协调教育部的行政职能;③国家、区域和地区主管在国家教育战略计划下有效管理其责任领域的作用。

2. 计划方法

一系列的改革会达到的目标:

(1)管理成效

教育部将通过把重点从传统的、自上而下的和基于投入的控制支出管理文化转向更加注重实现预期成果方向,从而提高决策质量。为了实现这一目标,将开发新的监测系统,以确保支出带来产出成果。

(2)开发新的结构

新的组织结构旨在使教育部的管理单位与《东帝汶国家教育战略计划2011—2030》优先计划1~7保持一致。新的结构将设立三个总干事职位,其中两个将直接监督教育改革计划,第三个将全面负责管理改革计划。

(3)使结构运作

新的国家、区域和地区部门将需要适当的能力、知识和技能来有效管理其责任领域。在新结构全面投入运营之前,新董事将接受以下方面的强化培训:①《东帝汶国家教育战略计划2011—2030》的内容;②针对他们负责管理的优先计划归纳;③管理培训计划,涵盖政府系统和程序,如管理、采购、年度行动计划和预算编制、教育管理信息系统的使用、正式的沟通和报告以及重要的项目周期管理技能。

在实施《东帝汶国家教育战略计划2011—2030》期间,需要董事和其他员工的持续支持。传统的培训和研讨会方法已经不能在改变行为和改善成果方面进行有效验证。因此需要更多情境化的、注重行动的方法,以更好地适应工作重点和周期。指导和辅助方法可能会产生积极的工作绩效。

（4）确保良好的治理和问责制

一个有效的战略管理体系需要良好的管理制度和程序。目前这些都尚未成熟。这些系统和程序的开发应确保正确遵守政府的规章和程序，并且行政透明度能够使任何腐败或滥用资源的行为被察觉。

这些改变将通过以下策略实施，并将用于定义此优先计划的主要行动。

3. 计划展示

总体目标是确保综合管理职能得到加强，以提供管理实现《东帝汶国家教育战略计划2011—2030》成果所必需的战略和行政程序的能力。

（1）战略

①重新调整教育部与主要教育分部门的结构，以促进优先计划的有效管理；

②开发管理成效系统，使部长能够准确地监控国家教育战略计划的实施；

③对国家和区域及地区部门和其他部门机构的能力需求进行组织审查，并实施加速能力建设计划，以确保在需要时能够提供预期结果；

④在2011年为所有国家、区域和地区主任实施综合管理培训计划；

⑤制订有效的、系统的和个性化的方法来支持管理人员和领导者提高工作绩效。

（2）计划结果

结果1：国家、区域和地区局将进行改组，并选择能够实施《东帝汶国家教育战略计划2011—2030》的工作人员。

活动：

①对国家、区域和地区局进行能力评估；

②更新《组织法》和部级文凭，使部门结构与有效实现《东帝汶国家教育战略计划2011—2030》目标保持一致；

③根据业绩招聘和选拔董事、部门主管和其他领导职位；

④为具有高水平专业资格和技能的员工制订并实施招聘计划。

结果2：部长和副部长办公室能够监督和控制《东帝汶国家教育战略计划2011—2030》的执行情况，并确保国家教育战略计划成果的实现。

活动：

①设计和实施部长和副部长办公室的发展计划；

②为国家教育战略计划的实施、监测和评估设计管理成效工具；

③使用管理成效工具来协调和监控国家教育战略计划实施团队的绩效；

④确定和实施全部门捐助者协调优先计划。

结果3：总干事办公室，普通教育督学办公室和情报部门完全有能力控制和管理所有基本的行政职能。

活动：

①为总干事办公室、普通教育督学办公室和情报部门主席设计和实施一项能力发展计划；

②向所有总干事、普通教育督学、情报部门主席和副主席提供国家教育战略计划内容的归纳文件，并对政府程序（管理、采购、年度行动计划准备和预算、信息管理系统的使用、正式沟通和报告）和重要的项目周期管理技能提供在职支持；

③制定和实施对腐败和行政失当行为的零容忍政策；

④在总干事办公室、普通教育督学办公室和情报部门执行文件化的管理系统和程序；

⑤设计并实施适当的正式通信系统，以确保国家、各区办事处以及教育部其他机构的有效管理。

结果 4：所有的部门管理人员和领导都具备基本的知识和技能，以有效地管理其责任领域并实现国家教育战略计划的成果。

活动：

①制订和实施国家、各地区办事处以及教育部其他机构的能力发展计划；

②所有部门的管理人员和领导都对国家教育战略计划进行了一般性归纳，并对其直接负责的优先计划进行了详细介绍；

③所有管理人员和领导都完成了一项针对教育部门的管理培训计划，该计划涵盖政府事务（管理、采购、年度行动计划准备和预算、信息管理系统的使用、正式沟通和报告）以及国家教育战略计划所要求的基本的项目周期管理技能；

④所有部门主管都为他们的员工制订了工作计划，并根据工作计划目标的实现情况来监测和评估工作人员的表现；

⑤为那些需要在职支持的经理提供指导，以协助他们发展其管理技能。

(二) 人力资源管理（优先计划 9）

总体目标是加强人力资源管理职能，以提供提高教育服务质量所需的所有流程的管理能力。

1. 简介

教育部主要负责满足其工作人员的需求。它需要重新聚焦，成为一个符合东帝汶政府教育目标的组织。国家教育战略计划的成功实施需要国家、地区以及地区各级的有能力的工作人员必须具备端正的态度、知识和技能。系统的员工培训和支持计划是很必要的，该计划可以直接适用于工作需要，并且指出员工要做或应该做的具体任务。

在进行培训之前，需要开发操作系统、程序和准确的工作描述。然而很少有员工可以遵循的成文的体系或程序，大多数员工无法获得准确的工作描述。一项组织审查将协助教育部重新调整其优先次序，重新组织其资源，确定培训重点并确定需要开发和整合到组织中的系统。该审查将会协助开发培训需求分析和培训计划。通过这种方式，员工培训计划可以与提高员工绩效紧密联系起来。

组织结构的变化将会有助于提高人力资源管理的质量。目前，人力资源管理的职责分布在几个国家级局长（行政和财务、学校认证、政策规划和发展、专业培训）、普通教育督学办公室和总干事办公室之间。由于国家办事处和地区办事处之间的界限关系尚不明晰，从而导致工作重复和工作缺失。几乎没有文件化的人力资源管理系统会导致混乱、低效率和降低员工的工作能力。

成立人力资源管理局将是协调整个部门人力资源活动的关键。

作为改革进程的一部分，教育部将发表其工作人员概况。目前低级职员的数量远高于实际需求，而且缺少具有较高职位资质的专业人员。因此需要调动并培养有才干和激情的员工，并解决其他员工表现不佳的问题。一些长期员工不太可能会为教育部的新工作做出贡献。开发人力资源管理信息系统的工作正在进行，但进展比较缓慢，而且一些工作人员的准确信息并不容易获取。一个可靠的人力资源管理信息系统对未来人力资源管理规划至关重要。

教师管理的质量非常差。教师表现是一个问题，尤其是与员工纪律和问责有关的问题，例如，有些教师的出勤率低，出勤名单往往没有填写或填写不正确。

对拥有良好绩效的员工应给予奖励，而应辞退那些始终未能表现出对工作负责的员工。对许多教师来说，在工作表现与薪水之间没有明显的联系。这里产生了一个公平性问题，即低资历且表现差的教师与高水平的教师拥有一样的薪水。

教师职业制度旨在改善这种状况，但对于教育部来说，这是一个挑战。大多数管理人员，包括那些学校的管理人员，缺乏规划、实施、监督和评估方面的技能。新的学校管理系统引入了"基础教育学校"模式，需要组织和实施。有必要培训新的学校管理人员来完成新的任务并评价教师的表现。

因此需要一个识别和填补空缺的过程，还需要创建一个控制学校教师数量的过程。将拟定一个学校人员编制方案。

2. 计划方法

为了达到既定的目的需要进行一系列的改革，特别是在产生下列变化的情况下。

（1）机构重组

教育部正在建立一个国家人力资源管理局。这将成为管理人力资源和工资支出分配的工具，目前这一支出约占教育部预算的一半。这个新的部门将促进对职员责任的具体定义，并明确关注与人员相关的能力建设工作。它将保持对员工绩效影响的严密监控。在企业服务总干事和部长的密切监督下，将在2013年制定和实施有效的人力资源管理所需的一套新系统和程序。

（2）教师职业管理

这里将介绍一种促进教师职业公平的制度。它将根据绩效和资格来明确工资增长程序，还将会推出一个更适合教学服务的绩效评估系统，并进行监督和评估，以保障基于良好表现的晋升途径以及教师的机会均等。与此同时，教育部还要确保薪金成本得到有效分配。

将会引入一套管理教师部署、供应和需求的系统，以确保所有学校有公平的人员配置水平。部署系统将确保在难以工作的地区和合格教师短缺的地区提供优质教学内容。

这一部分已被纳入优先计划7。这个重要计划的成功将需要非常紧密的内部协调机制。将由部长办公室与负责学校教育和管理领域的总干事直接监督其实施进程。

（3）非教学人员重组

组织审查的过程将基于国家教育战略计划实施所确定的人员需求。尽管需要扩大新区和学校管理系统的人员编制，但非教学人员的总数不会显著增加。

按资质等级分配工作人员将发生显著变化。将招聘更多合格的工作人员，并取消若干低技能职位。将设计和实施冗余人员的搬迁、部署、提前退休或离职问题的解决方案。我们将需要一个公平和开放的招聘高级职员的程序，这将建立在表现评价基础之上。实施这一重组的总工资成本可能会增加（见第四章：计划的成本核算）。

（4）非教师培训和支持

作为能力建设过程的一部分，将制订适当的培训和支持计划，以提高现有工作人员的表现并引进新员工。对管理人员和领导的培训和支持包含在优先计划8：综合管理改革之中。

人力资源管理局应提供培训和支持。它确定培训需求并组织适当的培训和支持机会，还决定了对培训和支持员工绩效的影响。

发展伙伴提供的培训应与教育部制订的培训计划保持一致。

（5）质量管理信息系统

建立一个综合人力资源管理信息系统，使教育部能够监测学校、地区和国家劳工局的情况。

开发高质量的硬拷贝文件管理系统，以管理员工人事记录。这些信息今后将会数字化，由公务员委员会管理，并通过电子方式与人事信息管理系统相联系，最后整合到教育信息管理系统中。这将使学校绩效数据和包括这些绩效在内的教师个人信息之间建立联系。这个结果将有助于提高质量。

3. 计划展示

总体目标是加强人力资源管理职能，为提高教育服务质量提供必要的管理能力。

（1）战略

①通过有效部署现有工作人员和招募新员工，使其找到最适合他们知识、技能和潜力并能发展自己能力的职位，以促进重组教育部；

②制定促进公平、高效和工作满意度的人力资源管理政策和程序；

③创建一个人力资源管理信息系统，使得管理流程更加高效，关于人力资源配置的决策是基于可靠而相关的数据；

④开展培训需求分析，制订专业发展计划，促进工作人员获得适当的培训和支持机会，并且监测和评估这些投入对员工绩效的影响；

⑤确保发展合作伙伴的支持并能够持续提高员工能力。

(2)计划结果

结果1:所有有效的人力资源管理信息系统和程序都在2012年前制定和实施,以提高教育服务的质量。

活动:

①设立一个负责协调教育部人力资源管理的部门;

②为教育部人力资源管理制定一套政策和程序;

③制定人力资源管理政策和程序手册以供员工了解并使用;

④引入新的教师管理政策和程序,并将其作为标准操作程序手册分发给各学校(详见优先计划7);

⑤利用系统,以便教育部了解人力资源政策和程序对员工绩效的影响,这是人力资源政策审查过程中的一部分。

结果2:到2011年,全面的人力资源管理信息系统已经到位。

活动:

①引入硬拷贝文件管理系统,以保存和更新员工综合记录;

②引入电子文件管理系统,以保存和更新员工综合记录;

③培训和支持对人力资源管理信息系统负有特殊责任的工作人员,确保他们能够在没有外部支持的情况下管理系统;

④使用人力资源管理信息系统监控员工出勤和薪酬;

⑤使用人力资源管理信息系统记录和监测员工培训计划的有效性。

结果3:所有管理人员都制订了与提高绩效相关的培训计划,员工接受培训计划中规定的培训内容。

活动:

①确定国家和地区主管部门工作人员需要掌握的知识和技能,以便有效履行其职责;

②对每位员工进行培训需求分析;

③为所有员工制订培训计划;

④计划、协调和实施教育部的非教师培训计划和支持;

⑤使员工培训与员工绩效的提高相关联。

(三)去集中化和组织改进(优先计划10)

总体目标是确保教育部的区域和地区结构、业务系统和人力资源能够实施国家教育战略计划所要求的行动。

1. 简介

需要加强区域和地区部门的能力,以应对新的需求并实现其任务。从这些办事处获得当地信息并缩小与学区和学校社区的实际距离,使教育部能够对当地问题做出回应。向这些地区赋予更多的责任和问责就是一种回应,部分是为了促进日益增加的学校管理计划改革。基础教育学校系统和有计划的中学管理改革就是这方面的例子。

新的《组织法》使得区域和地区级组织结构的发展成为优先事项。这一发展实现了一项政策决定,逐步将关键的运营责任分散到区域和地区部门以及学校层面。教育部的国家办事处将继续负责大多数政策设计和实施规划、财务监督、国家教育战略计划成果的监测和评估以及集中式企业服务的管理。

"去集中化"一词比"去中心化"一词更受欢迎。由于强化了区域和地区结构及学校有限的财政自主权,在教育部发展的这个阶段,应该认识到有必要保持对支出的集中控制,确保其效率和效益。

将会制订和实施办公场所的发展计划,以提高区域和地区部门及学校的运作效率。另外还有必要制订和实施区域和地区部门的能力发展计划,使他们能够在国家教育战略计划中发挥其职责的重要作用。

2. 计划方法

有必要进行一系列改革,以促进业务活动的有效去集中化。

(1)行政自治

有必要加强区域和地区部门的能力,使它们能够切实负责对教育部资源的适当管理。最初,这需要构建一种能力以执行教育部集中制定的行政和监管程序。高效的行政管理是管理自主权的前提条件,管理责任将越来越多地转移到区域和地区。

在国家教育战略实施计划和年度行动计划及能力建设计划的制订过程中,区域、地区和学校层面的责任需要有明确的界定。因此需要建立问责机制来保证去集中化的有效性。

如果要实行真正的问责,那么将教育部资源合理配置给当地机构这一点至关重要。这种责任和问责的重新分配将需要国家的主管人员对其作用和责任的理解有所提高,也需要良好的沟通系统来确保教育部不同级别之间的协调与合作。

同样,学区督察在地区一级的作用也需要与区域和地区的运作职能很好地协调一致。

(2)当地教育问题和解决方案

区域和地区部门最适合处理影响教育准入和教育质量的问题。这就需要一个新的"自下而上"的计划方法。能力建设举措需要为这种方法提供支持。同时这也需要改进系统来识别、记录、分享和分析这些问题。

有些问题最好在当地解决。通过全国范围的战略可以最好地解决各地区之间共同的问题。对问题给予适当反应的关键是从各地区和主要机构之间获得高质量的信息。因此这将需要国家、区域和地区主管部门,学校督学和新闻机构定期更新信息系统。

(3)确保管理数据的质量良好

尽管教育管理信息系统数据的质量有所提高,但收到报告所需时间的长短决定了教育管理信息系统作为教育部规划、监测和评估工具的价值大小。教育管理信息系统要扩展到更广泛的教育层次(学前教育、中等教育、再教育和高等教育)将需要设计各种机制以改进提供数据的准确性与实效性。

区域和地区部门将在数据收集、检查准确性、输入和交付教育管理信息系统方面发挥重要作用。

教育管理信息系统的信息系统——地理信息系统是一种有价值的信息管理工具。它能够对教育成果进行地理分析,按地区划分学校集群,并指出复读率或辍学率高于全国平均水平的地区,从而有针对性地解决当地问题(见优先计划11)。

2008年使用地理信息系统生成的地图显示了地理参考信息如何补充现有的电子表格数据以提供更好的信息。新的地理信息系统意味着有问题的学校:如入学率,留存率或学习成果都可以在地图上找到,所有相关的学校数据都能有效地获取。这将促使教育工作者首先关注"问题学校"。

2010年人口普查数据将基于教育区、地区和街道地区以及其他经济和社会发展数据扩大对毛入学率(GER)和净入学率(NER)等主要招生指标的测绘数据挖掘。这将有助于改进规划和实施的质量。

(4)与市政和政府计划保持一致

政府计划增加市级自治和决策。教育部正在通过进一步将其业务分散到地区和学校层面来支持这些改革。其目的是鼓励和支持地方自主解决当地问题。

中央政府关于其他部门的举措会对教育质量和入学产生影响,例如电力供应、供水和卫生设施、互联网和公路建设等。教育部不仅需要与这些部委之间协调中央层面的工作,还要与各地区的代表一起工作。教育部将建立当地网络和规划能力,以支持政府决策。

3. 计划展示

总体目标是确保教育部的区域和地区结构,操作系统和人力资源系统足够强大,以支持实施国家教育战略计划。

(1)战略

①提供全面的能力发展计划,以确保区域和地区部门能够有效承担国家教育战略计划的责任;

②建设区域和地区部门的行政能力,并逐步将运营责任移交到这些办事处;

③设计适当的监督和评估程序,以便国家部门能够评估区域和地区部门及学校层面优先计划执行的质量;

④为每个教育分部门制订区域和地区计划,以确定关键的教育问题,这些问题稍后将体现在地图上;

⑤建立一个"自下而上"的规划体系,使教育部能够越来越有效地回应当地人民的问题和需求;

⑥在教育管理信息系统的管理中包括区域和地区部门,以确保用于未来的规划和决策的数据准确且及时;

⑦促进部门举措与本区、分区域各级政府机构及其他政府机构的协调和整合。

(2)计划结果

结果1:发展区域和地区部门的能力,以充分履行其在国家教育战略计划优先计划管理中的职责。

活动:

①制订和实施区域和地区部门的能力发展计划;

②在操作层面对国家、区域和地区部门之间的机构职能和责任进行审查,并使其正式化;

③制定和实施一个渐进的过程,将执行优先计划的业务责任移交给区域和地区部门;

④建立系统,将业务活动的预算拨款直接增加到区域和地区部门,并负责预算执行和成果实现。

结果2:制订和实施高质量的区域和地区运营计划。

活动:

①制定并实施能系统识别社区教育需求的程序,并向国家教育战略计划实施团队提供反馈;

②在适当的情况下,使用明确的可衡量目标来制订区域和地区的年度行动计划,以分析区域、地区、街道和学校的教育成果;

③在相关的教育分部门中,建立收集、输入和验证教育管理信息系统数据的能力,并确保及时可用。

结果3:地区和地区部门的职能与市政和其他政府计划相结合。

活动:

①分析区域和地区与市政当局和其他部门联合行动的机会,以实现国家教育战略计划的目标;

②与市政当局发展伙伴关系,以便在被选定的教育分部门(最初是幼儿教育和继续教育)中更好地实施部级的优先计划;

③与国家发展总局和市政当局建立有力的工作伙伴关系,以有效协调区域、地区和街区发展计划的实施。

(四)信息通信技术及管理信息系统(优先计划11)

总体目标是教育部将能够在中央、区域、地区和学校管理层面适当使用信息通信技术和综合管理信息系统,发展有效的管理系统。

1. 简介

教育部在这一领域的总体目标是开发和安装所需的信息通信技术的基础设施并提供技术支持,以实施和维持现代教学法和有效的教育管理和规划。

图 3.1 总结了国家教育战略计划考虑的两个互补路径,旨在最大限度地有效利用技术来提高公立学校的教育质量。

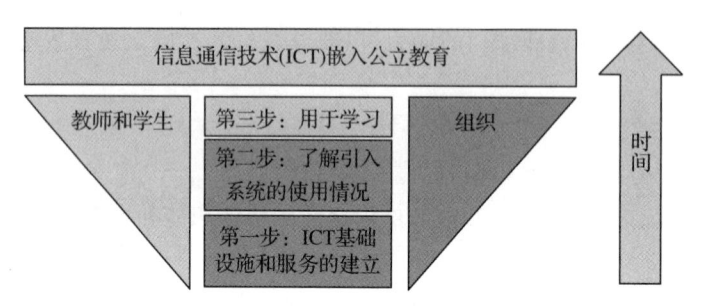

图 3.1 在东帝汶公立教育中使用信息通信技术

在这一优先计划中提出的战略首先是使用信息通信技术作为核心管理工具。图 3.1 显示了第一步 ICT 基础设施和服务的建立以及第二步了解引入系统的使用情况。以后信息通信技术可以用于教学和学习。

信息通信技术的引入首先是开发适合部门环境和业务需求的一般基础设施和服务,然后将其用途扩大到更广泛的人群中,他们可以在教育部的日常管理活动中适当地使用该技术。今后这种能力的提高将在教育部门产生倍增效应。

信息通信技术在教育上的使用(第三步:用于学习)将在执行优先计划 7(提高教学质量)以及基础和中等教育(优先计划 2 和 3)的后续阶段进行试点。

优先计划 11 将解决有效规划和管理中最重要的障碍之一,即缺乏提供给教育部及时的信息和可靠的数据。在捐助者的协助下,教育管理信息系统的发展正在取得进展。教育管理信息系统将扩展到所有教育子行业,并纳入其他内部信息来源,包括与人力资源、基础设施发展和财务相关的信息。

教育部希望所有管理和行政人员都有机会通过将这一目标纳入工作人员培训计划和方案中来实现数字化素养。

这个优先计划目的是在所有学校和办公室的技术基础设施上加强和实现现代化,并解决以下问题:

①少量的计算机(主要在国家劳动部办公室)没有得到有效使用;②大多数计算机没有安装标准化的运行软件(其中大部分为盗版);③计算机病毒;④没有局域网;⑤大多数员工只了解部分电脑操作。

教育部只有很少的信息通信技术人员来支持信息通信技术系统,并且内部缺乏负责信息通信技术的部门。

信息通信技术的资产控制很差。教育部缺乏一个综合资产管理系统——以公平的方式或根据需要向其办公室和学校分发硬件。这种控制的缺乏导致重复购置设备,成本增加,效率低下,资源浪费。

然而,教育部的教育管理信息系统与处于类似发展阶段的许多国家相比是有优势的,尽管努力使该系统的效益最大化,但它还没有及时地产生所需要的信息。

学校还没有有效的学校管理信息系统,在教学过程中使用信息通信技术的基础设施还非常有限。

2. 计划方法

为了实现既定的优先计划,将需要进行一系列改革。

(1)发展信息通信技术基础设施

鉴于其规模和复杂性,如果没有一个能够保证信息流动以支持决策的强大计算机系统,就不能有效管理东帝汶教育系统。

起点将是对信息通信技术部门总体通信技术能力的评估,然后建立基本通信系统。在大多数国家部门的办公室里,计算机的可用性是第一步。下一阶段将涉及激活内部网,并与区域和地区办事处互联,以实现工作人员之间新的沟通。随着未来的不断扩展,这些通信工具将可供学校管理中心使用。

(2)教育管理信息系统和其他信息系统的演变

教育管理信息系统将得到加强,以满足以下要求:

①它将全面整合所有内部数据库(教育分部门、人力资源、师资培训、基础设施、财务)和所有相关的外部数据库(人口普查、人口迁移、贫困、国家基础设施建设和人事管理信息系统);

②它将以地理为导向,以便"查看"地图上的信息以协助微型规划练习;

③它是可访问的,并且可以通过单一界面访问所有信息的交互;

④它易于使用和自定义,因此任何用户都可以随时对他想看到的内容进行格式化。

(3)开发信息通信技术部门

管理改革战略的一个关键要素是在国家规划、统计和信息技术局设立信息技术部门。预计教育部门将负责制定和实施信息通信技术政策,协助基础设施和服务发展计划并支持教育管理信息系统扩展。教育部门的总体目标是开发和安装信息通信技术基础设施,并提供实施和维持有效的教育管理和规划所需的技术支持。这需要一个五年计划:

①使教育部各个部门(国家、区域、地区和学校管理中心)的技术基础设施得到加强和实现现代化;

②确保有效且高效的行政和教育过程的信息系统管理。

3. 计划展示

总体目标是教育部将能够在中央、区域、地区和学校管理层面适当使用信息通信技术和综合管理信息系统,从而发展有效的管理系统。

(1)战略

①制订一个详细的计划,使用信息通信技术支持管理、政策、规划、专业培训和其他方面的教育过程;

②配备国家、区域和地区办事处,以满足支持行政和管理所需的最低技术基础设施要求,并在2013年前使工作人员熟练使用相关的信息通信技术;

③为学校管理中心配备适当的信息通信技术,并与国家、地区和地区办事处相连;

④与区域和地区部门及学校合作改进教育管理信息系统数据的收集和验证;

⑤将教育管理信息系统与学校信息管理系统相结合,以改进监督和评估并支持学校管理;

⑥将教育管理信息系统与所有内部数据库(教育分部门、人力资源、师资培训、基础设施、财务)以及所有相关外部数据库(人口普查、人口迁移、贫困、国家基础设施建设和人事管理信息系统)集成在一起;

⑦确保教育管理信息系统拥有一个易读易用的界面,所有决策人员都可以访问;

⑧开发一个可以通过教育部门的网站访问的公共版教育管理信息系统。

(2)计划结果

结果1:教育部规划和实施的信息通信技术应用的能力得到充分发展。

活动:

①考虑到政府信息技术战略发展要求(连通性和数据安全性)和实施计划,制定信息通信技术政策框架;

②开展需求评估,设计和实施能力发展计划,以在教育部创建信息技术部门和开发信息通信技术;

③选择和培训新成立的信息技术部门的员工。

结果2:信息通信技术的基础设施得到发展,基本信息技术服务可供教育部所有用户使用。

活动:

①准备一个详细的信息技术基础设施发展计划(包括国家、区域、地区、学校办公室);

②在国家办公部门开发局域网;

③开发部门使用的基本信息技术服务包(电子邮件、防病毒、文件共享、群聊、模拟信号数字化——VoIP);

④将区域和地区部门以及其他主要的远距离建筑连接到国家局域网;

⑤每年将50所学校连接到教育部局域网。

结果3:开发包括管理人员和相关工作人员使用管理信息系统的能力在内的所有工作人员的数字素养。

活动:

①为职业体系相关部门的所有行政和管理人员制订能力发展计划;

②开发基本的计算机技能学习包;

③培训所有行政人员掌握基本的计算机技能；
④为教育部管理人员设计关于教育管理信息系统使用和自定义的培训包；
⑤确保所有高层和中层管理人员完全有能力使用教育管理信息系统。

结果4：已经完全实现了教育管理信息系统的质量和范围的扩展。
活动：
①设计并实施教育管理信息系统向所有教育子行业的扩展；
②开发与所有外部和内部数据库（人口普查、人事管理信息系统、基础设施等）的集成；
③发展教育管理信息系统的地理信息系统能力；
④设计和实施培训相关人员使用教育管理信息系统的计划；
⑤加强区域、地区和集群管理办公室输入教育管理信息系统数据的能力；
⑥支持部门网站的创建；
⑦促进外部使用教育管理信息系统，为所有用户开放基于网络的访问。

（五）实现规划和预算优势（优先计划12）

总体目标是教育部将能够根据证据和准确信息制订质量计划，并将这些计划纳入明确的预算计划中，以支持结果管理流程。

1. 简介

国家规划、统计和信息技术管理局，国家采购局以及国家财政和后勤管理局应继续大幅度提高能力，以便将规划和财务系统改善到规定的标准。迄今为止的干预并不总是有效的，因为问题的原因还没有得到确定，而且解决办法是根据一般的假设而设计的。由于数据的不准确或不精确使这一问题更加严重。

近年来，国家规划、统计和信息技术管理局经历了一个不断改进的过程。理解和引入国际规划标准的能力有所提高（逻辑框架方法论）。年度行动计划的质量也有所提高，现在可以更好地确定计划、组成部分、结果和活动。基本的管理结果工具的设计旨在支持决策过程。进行了一次组织审查，并正在对国家规划、统计和信息技术管理局进行重组，这将大大增加合格工作人员的数量。因此，能制订出国家教育战略计划详细的2011—2015年度组件就是计划、监测和评估得到改进的证据。

前行政和财务以及后勤和采购局就开始了这样一个进程，并引入国际技术援助。这将为新的国家采购局和国家财政和后勤管理局在地方性薄弱领域的实质性改进铺平道路。其中包括：
①编制反映教育部真实需要的预算的能力；
②制定成本标准化以更有效地利用资源；
③适当使用政府财务管理系统。改善这些领域是实现未来捐助者直接资金支持目标的先决条件。

2. 计划方法

必须进行改革以实现优先计划12的目的，如下所述：

(1) 有据可依的"自下而上"规划

建立基于群组的学校管理系统,为与社区合作制订满足其实际需求的计划提供了机会。教育部将制订与学校委员会合作的系统,以系统地确定当地问题和教育障碍,例如入学率低或辍学率高。这些信息可以用来提供一个反馈循环以制订解决这些问题的方法。所有学校集群的三年发展计划均将考虑基础设施需求、教学质量以及管理、部署和资源需求。到 2015 年,所有学校都将制订质量计划。

(2) 支持结果管理

有必要将战略规划过程转变为年度实施计划,这些计划必须通过国内和国际来源正确地做出预算和资助。要做到这一点,需要制订一个详细的年度行动计划系统,以符合政府财务管理系统的要求。只有这样,预期的预算执行时间表才能被针对财政支出的支出结果所监控。这是国家教育战略计划实施管理团队使用的重要工具。

(3) 性能评估框架

将制定一个全面的性能评估框架,以确保对教育和管理结果进行适当的监督和评估。性能评估框架将包括一组输入、输出、结果和可能的影响指标。这些都是以优先计划为基础的。

在国家教育战略计划实施的早期阶段,性能评估框架的发展将会通过与捐助者的协调对话而接受协助。

(4) 透明负责的财务管理

国家财政和后勤管理局的能力将得到加强,为实施国家教育战略计划提供以下基本服务:

①部门预算,为所有优先计划提供年度预算;
②充分利用公共部门财务信息系统,以便按计划和结果监测支出情况;
③经济模拟计划,以规划教育部可能要提出的具体措施或人口对财政的影响;
④准备和调整中期支出框架,这对于与政府和发展伙伴建立关系至关重要;
⑤审查和加强采购程序,以发展透明、负责和合乎道德的采购制度。

3. 计划展示

总体目标是教育部将能够根据证据和准确信息制订质量计划,并将这些计划纳入明确的预算计划中,以支持管理结果的流程。

(1) 战略

①随着相关数据可用于与其他政府机构整合和协调优先计划,国家教育战略计划的成本计算将得到改进;
②支持新学校集群管理系统的发展,并提供培训,帮助集群管理人员和学校委员会参与识别当地问题和解决方案;
③培养学校集群制订学校改进计划的能力,这些计划与地区、区域和国家层面的规划相结合;

④确保充分利用政府财务管理系统;
⑤扩大目前与财政部的合作;
⑥使用结果管理和评估的工具来监控和评估绩效;
⑦通过形成年度采购计划来制订更可预测的预算执行计划并提高采购效率。

4. 计划结果

结果1:年度行动计划的制订、实施和监控都将完善,以达到所要求的结果。

活动:

①确保所有年度行动计划都一致并符合国家教育战略计划的实施要求;
②为国家、区域和地区部门以及其他部门机构提供计划支持;
③加强与财政部之间的联系,以便利用公共财政信息管理系统试行改进教育部的年度行动计划的实施;
④制订、实施和监督年度预算执行和采购计划。

结果2:充分实现了使用以证据为基础的教育机构计划的能力。

活动:

①根据其他政府战略计划和经修订的2010年人口普查证据,对国家教育战略计划的预测进行修正和完善;
②在学校、主管部门和其他部门机构提供基本规划和教育管理信息系统培训及支持;
③协调调查研究,以便更好地了解所有学校集群中低入学率和高辍学率的原因;
④确定学校规划优先事项,并向支持学校规划的管理部门提供援助;
⑤支持区域和地区部门的工作,并制订基于地域的发展计划;
⑥确定并要求有关教育部执行的主要计划的评估研究。

结果3:完全实现高质量、透明的财务管理体系。

活动:

①建立至学校层面的可持续、透明和负责的金融体系;
②确保国家年度预算和优先计划预算编制的过程充分满足国家教育战略计划实施的要求;
③制定令人满意的预算分类和准确及时的会计核算标准;
④确保充分利用政府的公共财政信息管理系统;
⑤准备和调整中期支出框架。

结果4:监测和评估国家教育战略计划实施的过程,确保其得到充分支持。

活动:

①支持国家教育战略计划协调单位执行的工作,将预算执行和采购的定期监测与实施国家教育战略计划活动联系起来;
②审查区域、地区和学校各级优先计划的实施情况;
③使用2010年人口普查的基准数据来提高未来评估的质量;

④确定一个性能评估框架来监控教育和管理绩效；

⑤确定并要求对有关教育部实施的主要计划（包括国家教育战略计划的优先计划在内）的评估研究；

⑥支持编制用于监测教育成果演变的地理参照系。

（六）实现有效的捐助者协调（优先计划13）

总体目标是教育部与发展伙伴之间建立了一个全部门范围的方法来协调国家教育战略计划的实施。

1. 简介

全部门范围的方法基本上是教育部与其发展伙伴合作的首选供资方式。该框架将最大限度地利用国家系统和流程，促进基于国家教育战略计划优先事项的合作和协调。这将从主要以项目为基础或基于投入的方法转向更注重成果的方法。教育部想要遵循的道路如表3.3所示：

表3.3　　　　　　　　　　发展伙伴对教育的支持

低影响力支持（2009年）	较高的影响力支持（2012年）	高影响力支持（2015年）
扶持环境差，地方所有权和领导力低下 与合作伙伴之间以及内部之间的协调不佳 试图解决组织问题却没有明确的想法目标 外国顾问代替本地人 能力建设主要限于培训孤立的个体 顾问的知识共享要求不明确 聘请的顾问价值不明确	以国家教育战略计划为指导性文件的全行业范围的协调 所有干预措施都应与国家教育战略计划成果挂钩，并反映其中所确定的优先事项 注重组织发展目标而不是投入（如培训或技术援助） 明确定义能力发展战略和成果框架 减少计划实施单位 汇集技术援助和其他协作方法	所有捐助者联合支持国家教育战略计划制定的国家主导战略 国家成果框架的所有与能力相关的干预措施 各利益相关方对具体结果的强烈需求 民间社会参与和需求

《东帝汶国家教育战略计划2011—2030》是与发展伙伴开展新对话的基础。没有发展伙伴的支持，国家教育战略计划就无法有效施展。

2. 计划方法

实施优先计划13将需要进行一系列的改革。

（1）关注并与国家教育战略计划保持一致

必须协调和集中所有发展伙伴协助优先计划13和战略计划协调组的工作计划的实施。计划这种支持应该考虑到教育部必须在相对紧迫的最后期限内努力实现预期的结果。同时，还应提高教育部的能力，以确保长期的可持续性。

国家教育战略计划定义了发展伙伴资源应与之保持一致的重要优先领域。

（2）管理技术合作，发展部门协调框架

如果实施国家教育战略计划所需要的技术援助需要协调的话，则需要一个单独的系统去监测和评估进展。

拟议的制度将以建立若干优先计划协调支助小组为基础，该小组将努力确保实施具有最高协调要求的计划。这些支助小组将定期开会，并由教育部的国家人员和该地区主要捐助者的代表组成。这些小组的协作将由一名国家主管和一名主要捐助者的代表共同主持，这一职位将每年轮换。他们将被委任到现场解决关键的实施问题。

将有一个全部门的捐助者协调委员会，也将监测计划执行的总体进展情况。在此论坛上，部长、优先计划管理人员以及国家、区域和地区部门主管将定期与捐助界的负责人会晤。这将提供一个机会，讨论和解决在计划协调支持小组无法解决的任何重大实施问题。这种方法应该是在其他国内国际嘉宾出席的年度联合审查上的一种问题/解决方案和非正式的讨论。

由于这种亲力亲为、协调一致的监测，它建议取消个别捐助者的中期或年度审查，并建立一个统一的年度联合审查制度。

(3)管理国内和国际技术援助

原则上，技术援助应该在部内工作，并有明确的对应部门以及共同使用的行为守则、原则和规定、合同、薪金和休假制度。

最重要的是要确保从捐助者的支持中实现资金的价值。为此，教育部将开发统一的系统来处理技术援助的选择、获得和一般管理。有必要为对应部门和技术援助建立相互义务和标准程序。这些义务不仅限于提供物质和财务资源，还包括沟通、技术转让和问责。对应部门必须在国内和国际技术援助和顾问的选拔、招聘和一般便利化工作方面发挥积极作用，并对他们的成功负责。

(4)审查现有计划并创建新的计划

有必要审查与教育有关的发展合作伙伴计划，并可能对其进行重组，以确保与国家教育战略计划保持最大的一致性。

国家教育战略计划有望促进对现有合作计划的范围和规模重新定义，并重新调整它们的需求。

一般框架协议可以参考其他国家的教育部门建立，这些教育部门在处理类似问题方面有经验，而且在类似条件下也可以与东帝汶面临的问题相匹配。通过这种合作伙伴关系，教育部可以增强其寻求技术援助的能力，这些技术援助可以带来与东帝汶面临的情况类似的国家取得成果的相关和可证明的经验。

3.计划展示

总体目标是教育部与发展伙伴之间建立一个全部门范围的方法，以协调国家教育战略计划的实施。

(1)战略

①审查主要的合作计划，并使其与国家教育战略计划优先计划保持一致。分析扩大现有合作协议范围和数量的新机会；

②启动识别和吸引潜在的新合作伙伴的进程,以确保所需的技术援助水平能够有效实施国家教育战略计划;

③与其他国家的教育部协同制定合作框架协议,以交流经验并确定潜在的专业知识来源;

④制定并实施一个由高层次、全行业和计划层面协调小组组成的联合体系,以监督国际合作在执行国家教育战略计划中的有效性;

⑤开发适当的技术参考框架以便于讨论关键的实施问题;

⑥为管理国内国际技术顾问和专家建立标准化的实践和程序;

⑦逐步实施《巴黎有效援助宣言》的原则并为取消计划实施小组创造条件,鼓励使用国家体系(采购和财务信息管理系统)以及逐步界定全部门的支持计划;

(2)计划结果

结果1:制定了协调一致的方法来支持实施优先计划13。

活动:

①总结了在国家教育战略计划中确定优先权的主要发展伙伴战略、实施和采购计划的审核和一致性;

②制定与优先计划相关的组织发展目标,按地区确定具体的能力建设目标;

③制订一份共同商定的五年发展计划,明确能力战略和成果框架;

④制定中期支出框架/性能评估框架以便协助监督部门支持计划的实施情况;

⑤采用全部门范围的方法来协调发展伙伴的投入,并将这些投入与国家教育战略计划的优先计划结合起来。

结果2:制定了协调一致的制度,以监测和审查到2011年实施的发展伙伴投入的进展情况。

活动:

①详细说明用于界定持续监测和年度审查制度的指标、时间表和目标;

②开发持续的、基于计划的系统,以确保"亲力亲为"的捐助者参与执行和监测问题;

③设计并实施一种机制,定期监测国家教育战略计划在全部门的执行情况;

结果3:在2014年制定教育部要求和管理其所需的捐助者资助的能力。

活动:

①发展确定所需发展支持的能力,并向捐助者提出草案;

②制定管理技术援助的标准程序并监督其有效性;

③建立标准化体系,在技术援助招聘过程前、中、后建立国家对应部门的职责和参与度;

④为技术援助制定标准化的工作和支付系统;

⑤取消内部计划实施小组,集中援助实施能力建设计划。

第四章 计划的成本核算

引言

本章介绍了实施国家教育战略计划的初步成本估算及其对政府财政计划的重要性。理想的国家教育战略计划成果符合2011—2030年国家战略发展计划,该计划将教育置于战略的核心地位。东帝汶政府目前承诺,为实现这些成果,在今后的20年中将大幅度增加教育投资。为实现增长的目标,要求教育部承诺提高供给质量并继续执行其预算。

(一)公共资源对教育的预期配置

东帝汶位于世界上一个对教育投入巨大的地区。在最近的邻国中,有六个国家的教育投资占国家预算的15%以上,有五个国家的教育投资占国家预算的20%以上。东帝汶是该地区教育投资最低的国家之一。

在2009年之前的五年中,教育支出占总预算的份额呈下降趋势。从2010年起,教育支出所占百分比有所提高。这并不意味着实际的教育支出一直在下降,东帝汶政府一直在稳步增加教育年度预算。

自2007年以来,由于财务管理程序和实践的改进,预算执行率已超过95%。这种高水平的预算执行表明,教育部在未来仍然可以成功地执行更大的预算。

(二)当前预测的优势与局限性

实现成果所需要的国家教育战略计划成本必须有坚实的基础。国家教育战略计划成本审查涉及一个多学科公共财务管理工作组。该小组在教育部内部开展对话,并与财政部和总理战略计划部门进行协商。

在获批的国家教育战略计划中所提出的成本参考了最新资料,其中包括:

(1)2010年人口普查

修订后的成本以2010年人口普查提出的人口增长预测为依据。

(2)招生预测

将预估的增长人口转换为入学新生以预测新入学人数,教育管理信息系统所提供的最新和准确的数据(包括留存率与辍学率),用于重新计算其他教育层次的入学率。

(3)实施新的教师职业制度的成本模型

由于教师获得了资格和经验,教师职业制度最终允许计算额外的薪资成本。

(4)教师人数/教师普查

以前,教育部工作人员的确切人数不详。与公务员委员会合作完成了工作人口普查,为预估所需教师的数量和成本提供了准确的数据。

(5)资本开发/基础设施

教育部的基础设施单位对现有的学校设施和条件进行了地区级的调查。

使用新的信息可以获得最准确的成本估算。还有一些因素会影响未来的成本计算：

1. 人力资源管理效率的提高

以前的人力资源管理系统效率低下，国家教育战略计划需要新的教师管理和部署系统。系统的发展将促进效率的提高。

2. "自下而上"计划的改进

该计划将针对不同的地区需求使用不同的成本核算方案。学校实现全面入学的计划将更准确地了解所需学校的数量，学校应建在何地，建设的类型和规模，以及相应的人员配备和经营成本。

3. 技术教育的成本

到目前为止，还没有公式可以估算每个学生的技术教育（中等和高等）成本。这个公式的发展还处于设计阶段。不同的选择会影响这些成本。

4. 资产和一般管理的改进

教育部尚未改革学校资产管理系统。改进后的系统将会更精确地确定桌椅、书籍和其他教育材料的实际需求，并制定标准以计算维护要求和折旧。

5. 援助资金的可用性

全面实施国家教育战略计划的能力取决于外部和内部资金的可用性。目前还不可能确定未来发展伙伴的支持水平。国家教育战略计划是与发展伙伴进行有意义协商的基础。支持水平将影响预算的预测。

由于缺乏教育管理信息系统或其他政府部门和机构的信息，所以仍存在其他不确定因素。

教育管理信息系统将会输入来自学前教育、基础教育、中等教育、高等教育和继续教育的数据，以提供有关所有分部门发展趋势和模式的新信息。

东帝汶政府没有出生登记制度，缺少许多社会数据。工资数据与人事信息管理系统不一致。然而，正在进行的项目将会解决这个问题。这些举措可以在未来做出更准确的预测。

（三）教育系统的预期投资

精确计算教育分部门入学人数对于准确计算国家教育战略计划的成本至关重要。为实现2011—2030年设定的教育目标，到2011年将需要0.91亿美元的总投资，到2015年需要1.92亿美元，到2030年将达到3.13亿美元。2015年教育所需的预期投资（包括基础设施在内的1.92亿美元）约占国家预算的13%，与邻国相比仍然较低。

在2011年，大部分支出用于基础教育。随着时间的推移，由于中等教育和高等教育的扩张，基础教育支出将相应减少。在国家教育战略计划的最初五年，对继续教育的投资非常重要,目标是到 2015 年完全消除基础文盲。2015 年以后,将减少继续教育的总支出。

预计到 2025 年,中等教育将具有满足需求的能力。当最多的一批基础教育毕业生从九年级毕业时,中等教育分部门将能够接收所有学生。在未来,高等教育支出占总教育支出的比例将随着中等教育毕业生的增加而提高。

1. 基础教育与学前教育的资金

在学前教育中,随着分部门的扩张,总薪资成本将在 2011 年至 2020 年期间增加。大量拨款以补助金形式分配给学校,这将资助激励计划,以促进与私人和非盈利组织在公共项目中的伙伴关系。激励计划将为教师薪资、运营成本和学校伙食津贴提供资金。在基础教育中,预计总薪资成本不会与学前教育一样高。这主要是因为通过人力资源管理活动可以更好地分配现有人员。

当前的图书成本是按照两名学生对应一本书的比例计算的。正在采取措施,希望在不久的将来能够降低图书成本。这些措施包括教育部在东帝汶利用自己的设备印刷书本,以及改进国家学校图书馆系统。

新的基础教育管理系统将有助于大幅度增加社会融入的公共开支。该系统通过补贴校服费和交通费可以降低经济困难家庭的教育成本,成为学校供餐计划的补充。

预计初期的投资将集中在教师培训上,加快在职教师的培训,期望在 2013 年之前实现对现有教师队伍的再培训和资格认证。随着教育部实施了新的国家奖学金制度计划,职前培训也将需要资金,以确保有足够数量的人(特别是女性)加入到教师队伍。

2. 中等教育与高等教育的发展

普通中等教育将继续扩大规模。预计新课程的引入将吸引更多的入学者,但在普通中等教育学校中有接收能力,例如,有一些只有部分工作量的教师。在中等教育入学率达到 60% 以前,中等职业技术教育是扩大规模的重点。中等职业技术教育的快速发展是为了满足东帝汶对熟练劳动力的需求。

在高等教育中引入职业技术教育体系是为了满足对熟练劳动力的需求。公共投资将大幅度增加对奖学金的支持,使家庭极度贫困子弟和更多的女性能够接受职业教育或大学教育,还将为高等教育毕业生出国留学提供更多奖学金。

3. 继续教育、社会融入和教学质量计划

随着扫盲目标的实现,继续教育支出将在 2015 年达到顶峰。2015 年后,国家等价项目和其他成人教育课程将继续进行。随着普遍识字和普及基础教育的完成,国家等价项目的影响将减弱。

直接拨给社会融入和教学质量计划的预算代表了在国家、区域和地区各级开展计划所需的费用,并按照每个计划的说明提供更具针对性的措施,例如支持有特殊需要的儿童的教育权利,或在教师职业发展中实行新的导师制度。

4. 管理重点计划的成本

管理重点计划将在 2015 年前取得瞩目的成果。教育部的管理能力是确保提高教育分部门投资效率和效益的先决条件。有大量资金用于制订优先计划 10，以便在区域和地区层面更好地开展工作，并与新的学校管理系统进行有效的协调。

人力资源管理重点计划的低成本是因为薪资和专业发展成本已包含在其他优先计划中。这种薪资安排将有助于更好地比较不同时期的教育分部门。

信息通信技术和教育管理信息系统的发展拥有大量的拨款。成本将首先集中于连接教育部门各组成部分的信息通信技术基础设施。未来的支出将会为发展远程教育和其他教育项目而引入信息通信技术模式。该优先计划还将资助教育管理信息系统向所有教育分部门的推广、地理信息系统的开发以及其他相关数据库（工资单、人口普查、财政、人力资源等）的整合。

大量资金分配给优先计划 13 中的技术助理，这将使教育部确定和资助其所需的技术支持。国家教育战略计划的实施预计进度并不总是与发展伙伴所需的准备和处理交付周期相匹配。根据预测，发展伙伴的这种支持方式可能不会持续。

第五章 计划的实施

引言

本章介绍如何确保在 2011—2015 年间合理实施国家教育战略计划的主要要求。这些要求有：

1. 管理实施安排

描述了必要的组织支持结构和机制，其中定义了决策机制、责任机制和问责机制。

2. 启动阶段

对个别重点项目进行更详细的计划时，国家教育战略计划的实施将需要新的工作方法。

3. 监测与评估框架

制定测量和评估国家教育战略计划成果的流程所需的主要因素。

4. 传播与推广

得到适当的沟通和推广，对于国家教育战略计划的共识和共享所有权的形成及激励，以及吸引人们的参与至关重要，是确保计划实施的重要步骤。

5. 良好的治理

国家教育战略计划的成功取决于教育部采用并遵循道德的、透明的、高效的做法，并要求管理者、领导和工作人员负责。

6. 关键的成功因素和风险管理

可能影响计划整体成功的内部与外部因素。

（一）管理实施的安排

要实现国家教育战略计划的目标，必须要有坚实的实施基础。这就需要有效的协调机制，并有明确的决策、责任和问责。以下是管理的安排：

1. 教育部长

部长将担任管理实施国家教育战略计划的首席执行官。他将作为领导不断推进问题解决和行政决策，以确保重点计划实施小组的顺利运作及问责制的实施。

2. 战略分析与现代化办公室/国家教育战略计划协调单位

战略分析与现代化办公室负责国家教育战略计划的协调工作，并在向决策者提供高质量建议方面发挥关键作用。战略分析与现代化办公室实质上是一个专门的国家教育战略计划协调单位，其职责包括：①监督国家教育战略计划的实施过程；②确保教育部的结构完全支持国家教育战略计划目标的实现；③确保国家教育战略计划成为区域、地区、学校发展及所有重要组织规划的概念框架；④协助全部门支持方案的形成；⑤为了国家教育战略计划的实施，开发和使用监测和评估工具。

3. 优先计划实施小组

这些小组将会：①确保每个计划的不同组成部分与活动之间的良好协调；②在国家教育战略计划协调单位与国家规划、统计和信息技术管理局的技术支持下制订和实施年度行动计划；③通过定期的结构性会议监督计划的实施；④准备计划实施的定期报告。

每个实施小组的人员组成包括负责教育分部门或教育部门的人员，以及直接参与执行相应方案的人员，其中包括技术助理。

4. 规划、统计与信息技术管理局

规划、统计和信息技术管理局将为国家教育战略计划协调单位和优先计划实施小组提供技术支持。它将履行三个主要职能：

（1）年度计划与成果管理

帮助形成重点计划的核心年度行动计划，将包括：①提供帮助以确保年度行动计划与国家教育战略计划的实施保持一致和协调；②为成果管理工具准备数据并支持其实施；③为国家、区域、地区和学校领导提供基础规划的支持和培训；④在计算国家预算中发挥积极作用，并通过计划对国家财政和后勤管理局的预算准备工作提供支持。

（2）战略计划和实施支持

向战略分析与现代化办公室和优先计划实施小组提供长期规划数据预测和情景分析，以支持：①更正和完善最初制定的估算；②制定可靠的财务和其他方面的预测及匹配可用资源需求的替代方案；③为拟议的改革提供可靠的成本预测；④帮助国家财政和

后勤管理局建立可靠的模拟模型,它可以使部分成本和财务评估自动化。

（3）援助协调与评估支持小组

该小组将为以下方面提供支持：①根据性能评估框架制定的目标来评估成果实现情况；②高级技术合作协调小组和计划级协调支持小组的援助工作；③管理和协调国际技术助理的使用；④监督和汇报现有援助计划的绩效；⑤编制新的国际合作提案。

这些功能与组织法中定义的国家规划、统计和信息技术管理局的新结构相一致。

5. 财政与后勤管理局

需要加强财政与后勤管理局的能力,以便为实施国家教育战略计划提供以下基本服务：

（1）部门预算

国家财政与后勤管理局将编制：①准确反映其具体需求,并以详细的实施计划为基础的所有优先计划的年度预算；②按结果进行满意的预算分类,并进行准确及时的核算；③与东帝汶政府财政和预算目标相关的可靠的宏观经济预测。

（2）充分利用公共财政信息管理系统

应充分利用公共财政信息管理系统,以提供持续准确的预算执行信息,并监测重点计划的执行情况。公共财政信息管理系统的适当使用使教育部能够与开发伙伴讨论财政部门的直接支持。

（3）经济模拟情景

有必要利用成本情景和经济模拟预测：①当可获取更准确的信息时,重新计算一些初始估计值；②当引入新的经济工具或提议时（例如有条件的现金转移或早期退休提议等）。

（4）准备和调整中期支出框架

中期支出框架将是长期支持与东帝汶政府和发展伙伴合作的一个组成部分。该工具有助于防止内部预算不一致或将支出分配至非优先领域。中期支出框架需要得到较高的政治级别的批准,例如部长理事会,并定期审查。

将在国家教育战略计划的预实施阶段设计并实施一项全面的国家财政与后勤管理局能力建设计划。

6. 援助协调

根据优先计划13,需要协调发展伙伴的投入,以建立协调的和有效的沟通和监督机制,确保顺利实施大量的技术援助,这对国家教育战略计划的实施至关重要。

外部合作伙伴之间以及外部合作伙伴与东帝汶政府之间需要进行协调。作为国家教育战略计划协调工作的一部分,战略分析与现代化办公室将在国家规划、统计和信息技术管理局的支持下完成这项任务。这将涉及正在进行的高级别讨论以及对个别计划的支持。每年年底,将与利益相关者（发展伙伴、非政府组织和民间社会代表、学校管理系统代表和教育工作者）举行正式的年度联合审查会议。这个会议可以共同评估国家教育战略计划实施的成就和缺点,并就实现发展目标所需的改进达成一致。会议需要发展伙伴和教育部做大量的准备工作。

7. 法律咨询办公室

法律咨询办公室将支持一个有效的监管框架,为国家教育战略计划注入实施有效的教育改革理念。它会定期审查现行法律,以确定是否需要修改。它还会起草任何所需的新法律。

8. 政府内部协调

政府内部协调和对成功实施国家教育战略计划的支持将涉及这些关键机构:

(1)国家发展总局

国家发展总局的建立是为了管理和监督国家战略发展计划和大型复杂的国家发展项目的实施。国家发展总局负责评估重大基础设施提案,监督和汇报基础设施建设的实施情况、整个政府的协调、国家规划、以证据为基础的政策制定及政府重大项目和计划的监测与评估。国家发展总局将在协调国家教育战略计划与国家战略发展计划方面发挥重要作用。

(2)财政部

有必要与财政部建立伙伴关系,以开发实施国家教育战略计划所需的高级预算和开支管控机制。与财政部合作将更好地开发和实施针对提前退休、学生贷款系统、有条件现金转移和其他社会融入工具等计划的财政方案。

(3)公务员委员会

需要与公务员委员会合作,协助实施教师职业制度、教师管理改革和人力资源管理并取得优先计划9所需的成果。

(4)政府其他行政部门

有机会整合和实现教育计划与政府其他行政部门的目标和政策,如东帝汶国家职业培训与就业部、卫生部、基础设施部及农业和渔业部。

因为有其他实体需要随时协调,以上所列部门并未详尽。

(二)实施阶段

国家教育战略计划于2011年开始实施,需要一个预实施阶段来进行准备性安排,并确保全面实施的准确落实。在实施的初始阶段引入以下方面至关重要:①教育部的组织变革;②国家、区域和地区主管部门的新管理人员对国家教育战略计划的职责;③实施计划的新管理实践;④实施日程表。

以下是确保预实施阶段和早期实施阶段充分启动的关键投入。

1. 预实施阶段(2010—2011)

本阶段,需处理以下问题:

(1)新的结构设计

为促进国家教育战略计划的实施,维持部门结构与优先计划一致的目标非常重要。

(2)保障 2011 年预算分配的合理性

2011 年应该是传统的教育预算制度的起航点。向总理提交的预算提案增加到 1.15 亿美元,这是实施 2011 年度行动计划所需的预算,比 2010 年大约增加了 4 000 万美元。尽管这听起来是一个很高的目标,但这是教育部预期会实现的结果。

(3)为新的管理团队准备入门计划

在开始工作之前,新的管理团队应接受强化培训和引导过程,熟悉以下内容:①政府管理程序;②编制年度预算和计划;③对国家教育战略计划进行归纳总结;④他们需实施的优先计划的具体介绍;⑤根据结果进行管理和汇报。

(4)雇佣和培训关键支持小组

应该聘请这些管理支持小组,接受培训,并准备尽快启动。包括:①内阁部门(战略分析与现代化办公室和法律咨询办公室);②国家财政与后勤管理局的主要人员,以确保有足够的行政管理能力来执行和监督计划的开支;③国家规划、统计和信息技术管理局的关键人员支持引入结果管理工具和其他评估支持活动。

(5)人员培训

新员工应该接受类似于新管理团队的培训。在某些情况下,如国家规划、统计和信息技术管理局,这些职位已经被列入 2010 年预算,但从未聘用专员。对于其他职位,如内阁部门,有必要确认主要援助能够雇佣关键的小组成员。

2. 实施启动阶段(2011)

实施启动阶段将需要一次性解决以下问题:

(1)基准和绩效评估框架

需要在与援助伙伴和新的部门管理人员协商的基础上确定监测绩效的指标和用于比较的基准数据;后者的参与对确保未来的所有权至关重要。

(2)援助协调

援助协调重点计划的启动将确保新结构从一开始就充分发挥作用。将设计和实施新的标准化程序来选择、聘用和管理技术助理。

(3)与政府进行更广泛的协调

将建立新的机制,以确保总理办公室和财政部参与国家教育战略计划实施的初始阶段。这将有助于形成一种新的、协调的与政府其他行政部门合作的方式。

(三)国家教育战略计划的监测与评估

设计一个合适的监测和评估框架来衡量国家教育战略计划成果,将需要开发以下两个关键要素:

(1)基准数据

2010 年的数据(包括 2010 年人口普查结果)尽可能包含在国家教育战略计划中。这是评估未来结果的价值基准。

(2)绩效评估框架

由一组输出、结果和可能影响的指标组成。性能评估框架的发展源于援助合作对话。

1. 基准数据的建立

2010年收集的基准数据将用于提供数据组,以协助对国家教育战略计划进行五年审查。这将以初步基准的形式来衡量未来的进展。与2010年人口普查相一致,2010年也是国家教育战略计划选择的基准年。这将提供以下相关数据:

(1)人口定位

它将更精确地识别人口特征至乡级水平。此前,教育部不得不使用人口预测的地区级数据。

(2)人口迁移和重新安置

冲突后时期的结束标志着国家许多地区难民营的关闭和人口的重新安置。人口普查将使人们能够了解新的人口集中地。

(3)人口增长

根据2004年人口普查和2010年获得的新数据,将继续修正现有的人口增长预测。

(4)教育问题

人口普查提供关键的教育数据,如识字率和入学率,这些数据可用于与现有的教育管理信息系统数据进行比较,并重新调整部分预测。

(5)其他相关数据

将提供更多信息来帮助绘制贫困地图和其他关键社会指标。

人口普查提供全国每个家庭的全球定位坐标,以及居住在其中的儿童的数量和年龄。这与现有的学校全球定位相比,将有助于实施以地理为导向的规划。

2. 绩效评估框架

绩效评估框架是确定目标是否实现的工具。国家教育战略计划将选择一系列适合东帝汶情况的教育指标。有以下类型的指标:

(1)投入指标

衡量政府和援助者提供的财务、行政和监管资源。有必要在所用资源和取得的成果之间建立联系,以评估行动的效率,例如"用于教育支出的预算份额"和"学校基础设施投资总额"。

(2)产出指标

衡量所采取的措施和所用资源的直接或具体结果,例如"建立的学校数量"和"培训教师人数"。

(3)结果指标

衡量目标群体的利益,例如,"入学率"和"入读中学一年级的儿童中女孩儿的比例"。

(4)影响指标

衡量结果的长期影响。它们衡量国家发展和减贫的目标,例如"教育质量"。

东帝汶的统计数据非常有限，政府能力有限，因此有必要仅选择一小部分基本指标。这些指标应该尽可能合理：

(1) 具体到应该测量的目标。
(2) 可定量或定性的测量。
(3) 提供可接受的成本。
(4) 与管理人员的信息需求相关。
(5) 预计实现目标的时间限制。

应该避免制定复杂的指标集合，因为测量可能无法完成，成本过高，也可能分散工作人员对可实现指标的注意。指标要求：

(1) 学习结果

根据学习结果监控和评估学生的学习进度。

(2) 学校表现

确保学校和学习环境的质量，包括：社会环境、教师专业发展、社区参与、学校管理和财务管理、校舍维修和学习资料等。

(3) 财务和人力资源

协助确定用于改革和加强这些领域的战略是否成功并具有成本效益。

(4) 部门能力

评估实施国家教育战略计划的能力。质量保证体系将作为监测和评估工具，监察长办公室将在这个职能中发挥主导作用。

3. 有效监测和评估的关键工具

性能评估框架包含的工具不仅有助于指导国家教育战略计划的实施，还有助于监测和评估。这些是：

(1) 年度行动计划

年度行动计划将包括与国家教育战略计划相关的所有活动，并将用于调整此计划中的原始估算，并提供相关成本的更多活动细节。进度将按季度进行监测。产量计划必须每年进行调整。在衡量上一年取得的成绩后，计划将在下一年进行调整，以关注长期目标。

(2) 年度行动计划实施日历

针对每个优先计划而存在，并以年度行动计划为基础。它们提供活动摘要、时间表和角色责任，并展示已取得的成果。

(3) 成果管理工具

该工具用于将传统的"投入"支出监测系统与年度计划中制定的实施日历中包含的"输出"信息相结合。这将有助于制订支出计划，避免行政瓶颈，将使教育部能够监测所花费的资源是否达到了预期的效果。

（4）教育管理信息系统数据

监测和评估的一个关键要素是教育管理信息系统的可靠而全面的数据的可用性。过去，收集可靠的数据是困难的。地区和学校层面的基础教育系统仍然没有提供完全可靠且及时的数据。

在国家层面，所需的综合管理信息系统尚未建立。计划设计一个教育管理信息系统来存储、检索、分析和评估所有教育部门（数据库、贫困地图和调查）的原始数据，这为监测和评估过程以及之后的决策提供了价值。

（四）计划的传播

有效地向学习者、教育者、家长和社区传播国家教育战略计划实施的好处是必要的，因此大家才会有意识并支持所提议的改革。将制订传播和促进计划，确保适当的沟通以加强公民和政府的支持。

重要的目标群体是：

1. 政府领导

研讨会将用来解释和讨论计划的主要内容。国家教育战略计划的实施版本将提供给总统、总理和部长理事会。

2. 议会

宣传报告会应该与议会委员会成员共同主持，该委员会在监督教育部门中具有直接作用。这将确保议员有一个很好的机会来理解和讨论计划的内容。

3. 民间团体

参与教育的非政府组织，例如教会、非政府组织和非正式团体，将有机会讨论和理解计划的内容。

4. 区域、地区和学校领导

区域和地区主管、监管人员、学校负责人和其他参与管理和实施教育过程的人员应该熟悉计划的总体目标，应该有适当的材料供所有学校使用。

5. 教师

国家教育战略计划内容的基础知识应包含于在职培训项目中。

6. 家长

国家教育战略计划为东帝汶家庭提供了一个新的愿景和希望，他们应该熟悉和理解教育改革的益处。

对象不同，因此需要多种沟通策略来宣传国家教育战略计划，广泛分发书面报告是不够的。将编写摘要版本，并在国家、区域和学校级别会议、研讨班和专题研讨会上进行跟踪。这个传播和推广计划将使用不同类型的媒体（广播、电视、互联网、学校海报），并利用发展伙伴的大众传播活动，以及利用教育系统内部的设施，如电视、广播教育以及新的印刷设施。

(五)良好的治理

国家教育战略计划的实施将强调加强教育部的治理能力,特别是在这些领域:

1. 提高协调性

执行过程将侧重于系统地加强董事会之间和董事会内部的协调。

2. 流动性和参与性

将确定有可能参与国家教育战略计划活动的工作人员,他们的专业技能将在整个董事会中使用。

3. 获取信息

所有公民都可以获得教育信息,以确保他们了解国家教育战略计划及其实施进展情况,以便他们监督并为其成功做出贡献。

有必要改进公务员制度的绩效管理,以推动完善服务和强化问责制。在记录公务员的表现方面取得了一些进展,但要求应更严格。如果要实现组织文化和态度的变化,公共就业的服务导向需要得到更好的理解和接受。

教育部可通过引入明确的职位描述和绩效预期以及所有员工的个人工作计划,为改进绩效管理做出贡献。工作计划将尽可能包括绩效和任务的客观指标。教育部制定明确的政策和程序,帮助工作人员实现其工作计划目标,员工可以在其中运作,并将职业发展机会与实际工作活动联系起来。通过对工作计划的当前绩效进行定期评估,公务员问责制将得到改善。这些绩效评估将注重成果的实现。

(六)风险管理与假设

成功的国家教育战略计划实施有六个关键要求:

(1)增加公共财政资源对教育投入的分配。

(2)谨慎并注重以成果为导向的支出管理,以确保支出符合监测和评估系统的实施需求。

(3)国家教育战略计划的可持续性和良好管理的能力建设计划。

(4)协调发展伙伴支持的全行业方法。

(5)与利益相关者进行有效沟通。

(6)灵活性与适应东帝汶环境不断变化的能力。

在发展国家教育战略计划方面进行的广泛咨询,为实现国家教育战略计划的目标提供了高水平的支持。目标的实现总是受到超出管控能力的影响,因此,重要的是要监测环境,以确定已经做出的假设是否可能成立,以及可能出现哪些新风险,并尽可能采取行动来管理或降低这些风险。

国家教育战略计划各级的风险都可以进行认定:目标风险、结果风险、产出风险和工作计划/项目风险。作为实施国家教育战略计划的一部分,优先计划的每个实施团队都需要评估潜在风险并制订风险管理计划。

通常,风险管理模型用于提供如何管理已识别风险的记录。表 5.1 提供了一个简单的例子,其中列出了识别的风险类型。这不是一个完整的列表。国家教育战略计划是提高教育质量的复杂议程。作为项目计划过程的一部分,将需要更详细的风险评估和管理。

表 5.1　　　　　　　　　　　　　风险管理模型样本

风险	潜在的不利影响	风险等级	风险管理策略	责任
政府资金不足	教育目标不能通过整个系统实现	中	总理办公室和财政部参与监测和预算过程	教育部部长
来自社会和教育领域的支持较弱或不可持续	在本届政府任期中止或修改目标和程序,所有教育领域招生受限	高	投入重要的努力促进国家教育战略计划的交流和传播。促进民间社会参与实施重要计划	教育部部长
没有足够的国际资金来支持实施国家教育战略计划	教育部没有形成实施国家教育战略计划的内部能力。教育目标无法通过整个系统实现	高	确保优先计划 13 的有效实施,促进主要援助者的国际支持与地区的其他教育部门建立新的伙伴关系,并促进合作	教育部部长、战略分析与现代化办公室、外交部部长
有技能的东帝汶人对申请职前教师培训计划不感兴趣	国家教育战略计划无法扩大招生和提高质量	中	确保为教师职业提供长期和短期的经济和社会效益,使其在其他就业选择方面具有竞争力	教育部部长、财政部部长
国际奖学金计划不足以满足国家教育战略计划中人员的需要	教育部没有形成实施国家教育战略计划的内部能力。一些教育目标可能无法实现,特别是高等教育目标	低	强化和增加与主要合作伙伴的现有协议。与地区的其他国家发展新的伙伴关系	总理、教育部部长、外交部部长
政府无法有效地协调职业技术教育和高等教育的公共资金	活动的重复,会对供应的相关性产生混乱,并会限制可用资源	高	确保政府充分协调高等教育和职业技术教育的公共资金	总理
教师工会的建立为不同计划的实施创造了一个缺乏支持的环境	资金不足以支持扩大教师队伍和取得资格	高	让教师工会领导参与提高教学质量的关键议题(优先计划 7)	教育部、教师工会、劳动部
政府和议会有限的支持阻碍了教育体系的法律结构改革	许多重要计划都会受预算或组织方面的限制。大多数解决方案都是不可持续的,并可能随着下一届政府而改变	高	确保议会委员会更密切地参与实施国家教育战略计划。确保政府推进部长理事会议程	总理、议会委员会、教育部部长

作为年度联合评估和年度行动计划进程的一部分,风险评估、模型和风险管理计划需要定期审查和更新。

附 录

附录一

推动共建丝绸之路经济带和21世纪海上丝绸之路的愿景与行动

国家发展改革委 外交部 商务部
（经国务院授权发布）
2015 年 3 月 28 日

前 言

2000多年前，亚欧大陆上勤劳勇敢的人民，探索出多条连接亚欧非几大文明的贸易和人文交流通路，后人将其统称为"丝绸之路"。千百年来，"和平合作、开放包容、互学互鉴、互利共赢"的丝绸之路精神薪火相传，推进了人类文明进步，是促进沿线各国繁荣发展的重要纽带，是东西方交流合作的象征，是世界各国共有的历史文化遗产。

进入21世纪，在以和平、发展、合作、共赢为主题的新时代，面对复苏乏力的全球经济形势，纷繁复杂的国际和地区局面，传承和弘扬丝绸之路精神更显重要和珍贵。

2013年9月和10月，中国国家主席习近平在出访中亚和东南亚国家期间，先后提出共建"丝绸之路经济带"和"21世纪海上丝绸之路"（以下简称"一带一路"）的重大倡议，得到国际社会高度关注。中国国务院总理李克强参加2013年中国-东盟博览会时强调，铺就面向东盟的海上丝绸之路，打造带动腹地发展的战略支点。加快"一带一路"建设，有利于促进沿线各国经济繁荣与区域经济合作，加强不同文明交流互鉴，促进世界和平发展，是一项造福世界各国人民的伟大事业。

"一带一路"建设是一项系统工程，要坚持共商、共建、共享原则，积极推进沿线国家发展战略的相互对接。为推进实施"一带一路"重大倡议，让古丝绸之路焕发新的生机活力，以新的形式使亚欧非各国联系更加紧密，互利合作迈向新的历史高度，中国政府特制定并发布《推动共建丝绸之路经济带和21世纪海上丝绸之路的愿景与行动》。

一、时代背景

当今世界正发生复杂深刻的变化，国际金融危机深层次影响继续显现，世界经济缓慢复苏、发展分化，国际投资贸易格局和多边投资贸易规则酝酿深刻调整，各国面临的发展问题依然严峻。共建"一带一路"顺应世界多极化、经济全球化、文化多样化、社会信息化的潮流，秉持开放的区域合作精神，致力于维护全球自由贸易体系和开放型世界经济。共建"一带一路"旨在促进经济要素有序自由流动、资源高效配置和市场深度融合，推动沿线各国实现经济政策协调，开展更大范围、更高水平、更深层次的区域合作，共同打造开放、包容、均衡、普惠的区域经济合作架构。共建"一带一路"符合国际社会的根本利益，彰显人类社会共同理想和美好追求，是国际合作以及全球治理新模式的积极探索，将为世界和平发展增添新的正能量。

共建"一带一路"致力于亚欧非大陆及附近海洋的互联互通，建立和加强沿线各国互联互通伙伴关系，构建全方位、多层次、复合型的互联互通网络，实现沿线各国多元、自主、平衡、可持续的发展。"一带一路"的互联互通项目将推动沿线各国发展战略的对接与耦合，发掘区域内市场的潜力，促进投资和消费，创造需求和就业，增进沿线各国人民的人文交流与文明互鉴，让各国人民相逢相知、互信互敬，共享和谐、安宁、富裕的生活。

当前，中国经济和世界经济高度关联。中国将一以贯之地坚持对外开放的基本国策，构建全方位开放新格局，深度融入世界经济体系。推进"一带一路"建设既是中国扩大和深化对外开放的需要，也是加强和亚欧非及世界各国互利合作的需要，中国愿意在力所能及的范围内承担更多责任义务，为人类和平发展做出更大的贡献。

二、共建原则

恪守联合国宪章的宗旨和原则。遵守和平共处五项原则，即尊重各国主权和领土完整、互不侵犯、互不干涉内政、和平共处、平等互利。

坚持开放合作。"一带一路"相关的国家基于但不限于古代丝绸之路的范围，各国和国际、地区组织均可参与，让共建成果惠及更广泛的区域。

坚持和谐包容。倡导文明宽容，尊重各国发展道路和模式的选择，加强不同文明之间的对话，求同存异、兼容并蓄、和平共处、共生共荣。

坚持市场运作。遵循市场规律和国际通行规则，充分发挥市场在资源配置中的决定性作用和各类企业的主体作用，同时发挥好政府的作用。

坚持互利共赢。兼顾各方利益和关切，寻求利益契合点和合作最大公约数，体现各方智慧和创意，各施所长，各尽所能，把各方优势和潜力充分发挥出来。

三、框架思路

"一带一路"是促进共同发展、实现共同繁荣的合作共赢之路，是增进理解信任、加强全方位交流的和平友谊之路。中国政府倡议，秉持和平合作、开放包容、互学互鉴、互利共赢的理念，全方位推进务实合作，打造政治互信、经济融合、文化包容的利益共同体、命运共同体和责任共同体。

"一带一路"贯穿亚欧非大陆，一头是活跃的东亚经济圈，一头是发达的欧洲经济圈，中间广大腹地国家经济发展潜力巨大。丝绸之路经济带重点畅通中国经中亚、俄罗斯至欧洲（波罗的海）；中国经中亚、西亚至波斯湾、地中海；中国至东南亚、南亚、印度洋。21世纪海上丝绸之路重点方向是从中国沿海港口过南海到印度洋，延伸至欧洲；从中国沿海港口过南海到南太平洋。

根据"一带一路"走向，陆上依托国际大通道，以沿线中心城市为支撑，以重点经贸产业园区为合作平台，共同打造新亚欧大陆桥、中蒙俄、中国-中亚-西亚、中国-中南半岛等国际经济合作走廊；海上以重点港口为节点，共同建设通畅安全高效的运输大通道。中巴、孟中印缅两个经济走廊与推进"一带一路"建设关联紧密，要进一步推动合作，取得更大进展。

"一带一路"建设是沿线各国开放合作的宏大经济愿景，需各国携手努力，朝着互利互惠、共同安全的目标相向而行。努力实现区域基础设施更加完善，安全高效的陆海空通道网络基本形成，互联互通达到新水平；投资贸易便利化水平进一步提升，高标准自由贸易区网络基本形成，经济联系更加紧密，政治互信更加深入；人文交流更加广泛深入，不同文明互鉴共荣，各国人民相知相交、和平友好。

四、合作重点

沿线各国资源禀赋各异，经济互补性较强，彼此合作潜力和空间很大。以政策沟通、设施联通、贸易畅通、资金融通、民心相通为主要内容，重点在以下方面加强合作。

政策沟通。加强政策沟通是"一带一路"建设的重要保障。加强政府间合作，积极构建多层次政府间宏观政策沟通交流机制，深化利益融合，促进政治互信，达成合作新共识。沿线各国可以就经济发展战略和对策进行充分交流对接，共同制定推进区域合作的规划和措施，协商解决合作中的问题，共同为务实合作及大型项目实施提供政策支持。

设施联通。基础设施互联互通是"一带一路"建设的优先领域。在尊重相关国家主权和安全关切的基础上，沿线国家宜加强基础设施建设规划、技术标准体系的对接，共同推进国际骨干通道建设，逐步形成连接亚洲各次区域以及亚欧非之间的基础设施网络。强化基础设施绿色低碳化建设和运营管理，在建设中充分考虑气候变化影响。

抓住交通基础设施的关键通道、关键节点和重点工程，优先打通缺失路段，畅通瓶颈路段，配套完善道路安全防护设施和交通管理设施设备，提升道路通达水平。推进建立统一的全程运输协调机制，促进国际通关、换装、多式联运有机衔接，逐步形成兼容规范的运输规则，实现国际运输便利化。推动口岸基础设施建设，畅通陆水联运通道，推进港口合作建设，增加海上航线和班次，加强海上物流信息化合作。拓展建立民航全面合作的平台和机制，加快提升航空基础设施水平。

加强能源基础设施互联互通合作，共同维护输油、输气管道等运输通道安全，推进跨境电力与输电通道建设，积极开展区域电网升级改造合作。

共同推进跨境光缆等通信干线网络建设，提高国际通信互联互通水平，畅通信息丝绸之路。加快推进双边跨境光缆等建设，规划建设洲际海底光缆项目，完善空中（卫星）

信息通道,扩大信息交流与合作。

贸易畅通。投资贸易合作是"一带一路"建设的重点内容。宜着力研究解决投资贸易便利化问题,消除投资和贸易壁垒,构建区域内和各国良好的营商环境,积极同沿线国家和地区共同商建自由贸易区,激发释放合作潜力,做大做好合作"蛋糕"。

沿线国家宜加强信息互换、监管互认、执法互助的海关合作,以及检验检疫、认证认可、标准计量、统计信息等方面的双多边合作,推动世界贸易组织《贸易便利化协定》生效和实施。改善边境口岸通关设施条件,加快边境口岸"单一窗口"建设,降低通关成本,提升通关能力。加强供应链安全与便利化合作,推进跨境监管程序协调,推动检验检疫证书国际互联网核查,开展"经认证的经营者"(AEO)互认。降低非关税壁垒,共同提高技术性贸易措施透明度,提高贸易自由化便利化水平。

拓宽贸易领域,优化贸易结构,挖掘贸易新增长点,促进贸易平衡。创新贸易方式,发展跨境电子商务等新的商业业态。建立健全服务贸易促进体系,巩固和扩大传统贸易,大力发展现代服务贸易。把投资和贸易有机结合起来,以投资带动贸易发展。

加快投资便利化进程,消除投资壁垒。加强双边投资保护协定、避免双重征税协定磋商,保护投资者的合法权益。

拓展相互投资领域,开展农林牧渔业、农机及农产品生产加工等领域深度合作,积极推进海水养殖、远洋渔业、水产品加工、海水淡化、海洋生物制药、海洋工程技术、环保产业和海上旅游等领域合作。加大煤炭、油气、金属矿产等传统能源资源勘探开发合作,积极推动水电、核电、风电、太阳能等清洁、可再生能源合作,推进能源资源就地就近加工转化合作,形成能源资源合作上下游一体化产业链。加强能源资源深加工技术、装备与工程服务合作。

推动新兴产业合作,按照优势互补、互利共赢的原则,促进沿线国家加强在新一代信息技术、生物、新能源、新材料等新兴产业领域的深入合作,推动建立创业投资合作机制。

优化产业链分工布局,推动上下游产业链和关联产业协同发展,鼓励建立研发、生产和营销体系,提升区域产业配套能力和综合竞争力。扩大服务业相互开放,推动区域服务业加快发展。探索投资合作新模式,鼓励合作建设境外经贸合作区、跨境经济合作区等各类产业园区,促进产业集群发展。在投资贸易中突出生态文明理念,加强生态环境、生物多样性和应对气候变化合作,共建绿色丝绸之路。

中国欢迎各国企业来华投资。鼓励本国企业参与沿线国家基础设施建设和产业投资。促进企业按属地化原则经营管理,积极帮助当地发展经济、增加就业、改善民生,主动承担社会责任,严格保护生物多样性和生态环境。

资金融通。资金融通是"一带一路"建设的重要支撑。深化金融合作,推进亚洲货币稳定体系、投融资体系和信用体系建设。扩大沿线国家双边本币互换、结算的范围和规模。推动亚洲债券市场的开放和发展。共同推进亚洲基础设施投资银行、金砖国家开发银行筹建,有关各方就建立上海合作组织融资机构开展磋商。加快丝路基金组建运营。深化中国-东盟银行联合体、上合组织银行联合体务实合作,以银团贷款、银行授信等方式开展多边金融合作。支持沿线国家政府和信用等级较高的企业以及金融机构在中国境内发行人民币债券。符合条件的中国境内金融机构和企业可以在境外发行人民币债券和外币债券,鼓励在沿线国家使用所筹资金。

加强金融监管合作,推动签署双边监管合作谅解备忘录,逐步在区域内建立高效监管协调机制。完善风险应对和危机处置制度安排,构建区域性金融风险预警系统,形成应对跨境风险和危机处置的交流合作机制。加强征信管理部门、征信机构和评级机构之间的跨境交流与合作。充分发挥丝路基金以及各国主权基金作用,引导商业性股权投资基金和社会资金共同参与"一带一路"重点项目建设。

民心相通。民心相通是"一带一路"建设的社会根基。传承和弘扬丝绸之路友好合作精神,广泛开展文化交流、学术往来、人才交流合作、媒体合作、青年和妇女交往、志愿者服务等,为深化双多边合作奠定坚实的民意基础。

扩大相互间留学生规模,开展合作办学,中国每年向沿线国家提供1万个政府奖学金名额。沿线国家间互办文化年、艺术节、电影节、电视周和图书展等活动,合作开展广播影视剧精品创作及翻译,联合申请世界文化遗产,共同开展世界遗产的联合保护工作。深化沿线国家间人才交流合作。

加强旅游合作,扩大旅游规模,互办旅游推广周、宣传月等活动,联合打造具有丝绸之路特色的国际精品旅游线路和旅游产品,提高沿线各国游客签证便利化水平。推动21世纪海上丝绸之路邮轮旅游合作。积极开展体育交流活动,支持沿线国家申办重大国际体育赛事。

强化与周边国家在传染病疫情信息沟通、防治技术交流、专业人才培养等方面的合作,提高合作处理突发公共卫生事件的能力。为有关国家提供医疗援助和应急医疗救助,在妇幼健康、残疾人康复以及艾滋病、结核、疟疾等主要传染病领域开展务实合作,扩大在传统医药领域的合作。

加强科技合作,共建联合实验室(研究中心)、国际技术转移中心、海上合作中心,促进科技人员交流,合作开展重大科技攻关,共同提升科技创新能力。

整合现有资源,积极开拓和推进与沿线国家在青年就业、创业培训、职业技能开发、社会保障管理服务、公共行政管理等共同关心领域的务实合作。

充分发挥政党、议会交往的桥梁作用,加强沿线国家之间立法机构、主要党派和政治组织的友好往来。开展城市交流合作,欢迎沿线国家重要城市之间互结友好城市,以人文交流为重点,突出务实合作,形成更多鲜活的合作范例。欢迎沿线国家智库之间开展联合研究、合作举办论坛等。

加强沿线国家民间组织的交流合作,重点面向基层民众,广泛开展教育医疗、减贫开发、生物多样性和生态环保等各类公益慈善活动,促进沿线贫困地区生产生活条件改善。加强文化传媒的国际交流合作,积极利用网络平台,运用新媒体工具,塑造和谐友好的文化生态和舆论环境。

五、合作机制

当前,世界经济融合加速发展,区域合作方兴未艾。积极利用现有双多边合作机制,推动"一带一路"建设,促进区域合作蓬勃发展。

加强双边合作,开展多层次、多渠道沟通磋商,推动双边关系全面发展。推动签署合作备忘录或合作规划,建设一批双边合作示范。建立完善双边联合工作机制,研究推进"一带一路"建设的实施方案、行动路线图。充分发挥现有联委会、混委会、协委会、指导委员会、管理委员会等双边机制作用,协调推动合作项目实施。

强化多边合作机制作用,发挥上海合作组织(SCO)、中国-东盟"10+1"、亚太经合组织(APEC)、亚欧会议(ASEM)、亚洲合作对话(ACD)、亚信会议(CICA)、中阿合作论坛、中国-海合会战略对话、大湄公河次区域(GMS)经济合作、中亚区域经济合作(CAREC)等现有多边合作机制作用,相关国家加强沟通,让更多国家和地区参与"一带一路"建设。

继续发挥沿线各国区域、次区域相关国际论坛、展会以及博鳌亚洲论坛、中国-东盟博览会、中国-亚欧博览会、欧亚经济论坛、中国国际投资贸易洽谈会,以及中国-南亚博览会、中国-阿拉伯博览会、中国西部国际博览会、中国-俄罗斯博览会、前海合作论坛等平台的建设性作用。支持沿线国家地方、民间挖掘"一带一路"历史文化遗产,联合举办专项投资、贸易、文化交流活动,办好丝绸之路(敦煌)国际文化博览会、丝绸之路国际电影节和图书展。倡议建立"一带一路"国际高峰论坛。

六、中国各地方开放态势

推进"一带一路"建设,中国将充分发挥国内各地区比较优势,实行更加积极主动的开放战略,加强东中西互动合作,全面提升开放型经济水平。

西北、东北地区。发挥新疆独特的区位优势和向西开放重要窗口作用,深化与中亚、南亚、西亚等国家交流合作,形成丝绸之路经济带上重要的交通枢纽、商贸物流和文化科教中心,打造丝绸之路经济带核心区。发挥陕西、甘肃综合经济文化和宁夏、青海民族人文优势,打造西安内陆型改革开放新高地,加快兰州、西宁开发开放,推进宁夏内陆开放型经济试验区建设,形成面向中亚、南亚、西亚国家的通道、商贸物流枢纽、重要产业和人文交流基地。发挥内蒙古联通俄蒙的区位优势,完善黑龙江对俄铁路通道和区域铁路网,以及黑龙江、吉林、辽宁与俄远东地区陆海联运合作,推进构建北京—莫斯科欧亚高速运输走廊,建设向北开放的重要窗口。

西南地区。发挥广西与东盟国家陆海相邻的独特优势,加快北部湾经济区和珠江—西江经济带开放发展,构建面向东盟区域的国际通道,打造西南、中南地区开放发展新的战略支点,形成21世纪海上丝绸之路与丝绸之路经济带有机衔接的重要门户。发挥云南区位优势,推进与周边国家的国际运输通道建设,打造大湄公河次区域经济合作新高地,建设成为面向南亚、东南亚的辐射中心。推进西藏与尼泊尔等国家边境贸易和旅游文化合作。

沿海和港澳台地区。利用长三角、珠三角、海峡西岸、环渤海等经济区开放程度高、经济实力强、辐射带动作用大的优势,加快推进中国(上海)自由贸易试验区建设,支持福建建设21世纪海上丝绸之路核心区。充分发挥深圳前海、广州南沙、珠海横琴、福建平潭等开放合作区作用,深化与港澳台合作,打造粤港澳大湾区。推进浙江海洋经济发展示范区、福建海峡蓝色经济试验区和舟山群岛新区建设,加大海南国际旅游岛开发开放力度。加强上海、天津、宁波-舟山、广州、深圳、湛江、汕头、青岛、烟台、大连、福州、厦门、泉州、海口、三亚等沿海城市港口建设,强化上海、广州等国际枢纽机场功能。以扩大开放倒逼深层次改革,创新开放型经济体制机制,加大科技创新力度,形成参与和引领国际合作竞争新优势,成为"一带一路"特别是21世纪海上丝绸之路建设的排头兵和主力军。发挥海外侨胞以及香港、澳门特别行政区独特优势作用,积极参与和助力"一带一路"建设。为台湾地区参与"一带一路"建设做出妥善安排。

内陆地区。利用内陆纵深广阔、人力资源丰富、产业基础较好优势,依托长江中游城市群、成渝城市群、中原城市群、呼包鄂榆城市群、哈长城市群等重点区域,推动区域互动合作和产业集聚发展,打造重庆西部开发开放重要支撑和成都、郑州、武汉、长沙、南昌、合肥等内陆开放型经济高地。加快推动长江中上游地区和俄罗斯伏尔加河沿岸联邦区的合作。建立中欧通道铁路运输、口岸通关协调机制,打造"中欧班列"品牌,建设沟通境内外、连接东中西的运输通道。支持郑州、西安等内陆城市建设航空港、国际陆港,加强内陆口岸与沿海、沿边口岸通关合作,开展跨境贸易电子商务服务试点。优化海关特殊监管区域布局,创新加工贸易模式,深化与沿线国家的产业合作。

七、中国积极行动

一年多来,中国政府积极推动"一带一路"建设,加强与沿线国家的沟通磋商,推动与沿线国家的务实合作,实施了一系列政策措施,努力收获早期成果。

高层引领推动。习近平主席、李克强总理等国家领导人先后出访20多个国家,出席加强互联互通伙伴关系对话会、中阿合作论坛第六届部长级会议,就双边关系和地区发展问题,多次与有关国家元首和政府首脑进行会晤,深入阐释"一带一路"的深刻内涵和积极意义,就共建"一带一路"达成广泛共识。

签署合作框架。与部分国家签署了共建"一带一路"合作备忘录,与一些毗邻国家签署了地区合作和边境合作的备忘录以及经贸合作中长期发展规划。研究编制与一些毗邻国家的地区合作规划纲要。

推动项目建设。加强与沿线有关国家的沟通磋商,在基础设施互联互通、产业投资、资源开发、经贸合作、金融合作、人文交流、生态保护、海上合作等领域,推进了一批条件成熟的重点合作项目。

完善政策措施。中国政府统筹国内各种资源,强化政策支持。推动亚洲基础设施投资银行筹建,发起设立丝路基金,强化中国-欧亚经济合作基金投资功能。推动银行卡清算机构开展跨境清算业务和支付机构开展跨境支付业务。积极推进投资贸易便利化,推进区域通关一体化改革。

发挥平台作用。各地成功举办了一系列以"一带一路"为主题的国际峰会、论坛、研讨会、博览会,对增进理解、凝聚共识、深化合作发挥了重要作用。

八、共创美好未来

共建"一带一路"是中国的倡议,也是中国与沿线国家的共同愿望。站在新的起点上,中国愿与沿线国家一道,以共建"一带一路"为契机,平等协商,兼顾各方利益,反映各方诉求,携手推动更大范围、更高水平、更深层次的大开放、大交流、大融合。"一带一路"建设是开放的、包容的,欢迎世界各国和国际、地区组织积极参与。

共建"一带一路"的途径是以目标协调、政策沟通为主,不刻意追求一致性,可高度灵活,富有弹性,是多元开放的合作进程。中国愿与沿线国家一道,不断充实完善"一带一路"的合作内容和方式,共同制定时间表、路线图,积极对接沿线国家发展和区域合作规划。

中国愿与沿线国家一道,在既有双多边和区域次区域合作机制框架下,通过合作研究、论坛展会、人员培训、交流访问等多种形式,促进沿线国家对共建"一带一路"内涵、目标、任务等方面的进一步理解和认同。

中国愿与沿线国家一道,稳步推进示范项目建设,共同确定一批能够照顾双多边利益的项目,对各方认可、条件成熟的项目抓紧启动实施,争取早日开花结果。

"一带一路"是一条互尊互信之路,一条合作共赢之路,一条文明互鉴之路。只要沿线各国和衷共济、相向而行,就一定能够谱写建设丝绸之路经济带和21世纪海上丝绸之路的新篇章,让沿线各国人民共享"一带一路"共建成果。

附录二

教育部关于印发
《推进共建"一带一路"教育行动》的通知

教外〔2016〕46号

各省、自治区、直辖市教育厅(教委),各计划单列市教育局,新疆生产建设兵团教育局,部属各高等学校,部内各司局、各直属单位:

为贯彻落实中办、国办《关于做好新时期教育对外开放工作的若干意见》和国家发展改革委、外交部、商务部经国务院授权发布的《推动共建丝绸之路经济带和21世纪海上丝绸之路的愿景与行动》,我部牵头制订了《推进共建"一带一路"教育行动》,并已经国家教育体制改革领导小组会议审议通过。现印发给你们,请结合实际认真贯彻执行。

教育部

2016年7月13日

推进共建"一带一路"教育行动

推进共建"丝绸之路经济带"和"21世纪海上丝绸之路"(以下简称"一带一路"),为推动区域教育大开放、大交流、大融合提供了大契机。"一带一路"沿线国家教育加强合作、共同行动,既是共建"一带一路"的重要组成部分,又为共建"一带一路"提供人才支撑。中国愿与沿线国家一道,扩大人文交流,加强人才培养,共同开创教育美好明天。

一、教育使命

教育为国家富强、民族繁荣、人民幸福之本,在共建"一带一路"中具有基础性和先导性作用。教育交流为沿线各国民心相通架设桥梁,人才培养为沿线各国政策沟通、设施联通、贸易畅通、资金融通提供支撑。沿线各国唇齿相依,教育交流源远流长,教育合作前景广阔,大家携手发展教育,合力推进共建"一带一路",是造福沿线各国人民的伟大事业。

中国将一以贯之地坚持教育对外开放,深度融入世界教育改革发展潮流。推进"一带一路"教育共同繁荣,既是加强与沿线各国教育互利合作的需要,也是推进中国教育改革发展的需要,中国愿意在力所能及的范围内承担更多责任义务,为区域教育大发展做出更大的贡献。

二、合作愿景

沿线各国携起手来,增进理解、扩大开放、加强合作、互学互鉴,谋求共同利益、直面共同命运、勇担共同责任,聚力构建"一带一路"教育共同体,形成平等、包容、互惠、活跃的教育合作态势,促进区域教育发展,全面支撑共建"一带一路",共同致力于:

推进民心相通。开展更大范围、更高水平、更深层次的人文交流,不断推进沿线各国人民相知相亲。

提供人才支撑。培养大批共建"一带一路"急需人才,支持沿线各国实现政策互通、设施联通、贸易畅通、资金融通。

实现共同发展。推动教育深度合作、互学互鉴,携手促进沿线各国教育发展,全面提升区域教育影响力。

三、合作原则

育人为本,人文先行。加强合作育人,提高区域人口素质,为共建"一带一路"提供人才支撑。坚持人文交流先行,建立区域人文交流机制,搭建民心相通桥梁。

政府引导,民间主体。沿线国家政府加强沟通协调,整合多种资源,引导教育融合发展。发挥学校、企业及其他社会力量的主体作用,活跃教育合作局面,丰富教育交流内涵。

共商共建,开放合作。坚持沿线国家共商、共建、共享,推进各国教育发展规划相互衔接,实现沿线各国教育融通发展、互动发展。

和谐包容,互利共赢。加强不同文明之间的对话,寻求教育发展最佳契合点和教育合作最大公约数,促进沿线各国在教育领域互利互惠。

四、合作重点

沿线各国教育特色鲜明、资源丰富、互补性强、合作空间巨大。中国将以基础性、支撑性、引领性三方面举措为建议框架,开展三方面重点合作,对接沿线各国意愿,互鉴先进教育经验,共享优质教育资源,全面推动各国教育提速发展。

(一)开展教育互联互通合作

加强教育政策沟通。开展"一带一路"教育法律、政策协同研究,构建沿线各国教育政策信息交流通报机制,为沿线各国政府推进教育政策互通提供决策建议,为沿线各国学校和社会力量开展教育合作交流提供政策咨询。积极签署双边、多边和次区域教育合作框架协议,制定沿线各国教育合作交流国际公约,逐步疏通教育合作交流政策性瓶颈,实现学分互认、学位互授联授,协力推进教育共同体建设。

助力教育合作渠道畅通。推进"一带一路"国家间签证便利化,扩大教育领域合作交流,形成往来频繁、合作众多、交流活跃、关系密切的携手发展局面。鼓励有合作基础、相同研究课题和发展目标的学校缔结姊妹关系,逐步深化拓展教育合作交流。举办沿线国家校长论坛,推进学校间开展多层次多领域的务实合作。支持高等学校依托学科优势专业,建立产学研用结合的国际合作联合实验室(研究中心)、国际技术转移中心,共同应对经济发展、资源利用、生态保护等沿线各国面临的重大挑战与机遇。打造"一带一路"学术交流平台,吸引各国专家学者、青年学生开展研究和学术交流。推进"一带一路"优质教育资源共享。

促进沿线国家语言互通。研究构建语言互通协调机制,共同开发语言互通开放课程,逐步将沿线国家语言课程纳入各国学校教育课程体系。拓展政府间语言学习交换项目,联合培养、相互培养高层次语言人才。发挥外国语院校人才培养优势,推进基础教育多语种师资队伍建设和外语教育教学工作。扩大语言学习国家公派留学人员规模,倡导沿线各国与中国院校合作在华开办本国语言专业。支持更多社会力量助力孔子学院和孔子课堂建设,加强汉语教师和汉语教学志愿者队伍建设,全力满足沿线国家汉语学习需求。

推进沿线国家民心相通。鼓励沿线国家学者开展或合作开展中国课题研究,增进沿线各国对中国发展模式、国家政策、教育文化等各方面的理解。建设国别和区域研究基地,与对象国合作开展经济、政治、教育、文化等领域研究。逐步将理解教育课程、丝路文化遗产保护纳入沿线各国中小学教育课程体系,加强青少年对不同国家文化的理解。加强"丝绸之路"青少年交流,注重利用社会实践和志愿服务、文化体验、体育竞赛、创新创业活动和新媒体社交等途径,增进不同国家青少年对其他国家文化的理解。

推动学历学位认证标准连通。推动落实联合国教科文组织《亚太地区承认高等教育资历公约》,支持教科文组织建立世界范围学历互认机制,实现区域内双边多边学历学位关联互认。呼吁各国完善教育质量保障体系和认证机制,加快推进本国教育资历框架开发,助力各国学习者在不同种类和不同阶段教育之间进行转换,促进终身学习社会建设。共商共建区域性职业教育资历框架,逐步实现就业市场的从业标准一体化。探索建立沿线各国教师专业发展标准,促进教师流动。

(二)开展人才培养培训合作

实施"丝绸之路"留学推进计划。设立"丝绸之路"中国政府奖学金,为沿线各国专项培养行业领军人才和优秀技能人才。全面提升来华留学人才培养质量,把中国打造成为深受沿线各国学子欢迎的留学目的地国。以国家公派留学为引领,推动更多中国学生到沿线国家留学。坚持"出国留学和来华留学并重、公费留学和自费留学并重、扩大规模和提高质量并重、依法管理和完善服务并重、人才培养和发挥作用并重",完善全链条的留学人员管理服务体系,保障平安留学、健康留学、成功留学。

实施"丝绸之路"合作办学推进计划。有条件的中国高等学校开展境外办学要集中优势学科,选好合作契合点,做好前期论证工作,构建人才培养模式、运行管理模式、服务当地模式、公共关系模式,使学校顺利落地生根、开花结果。发挥政府引领、行业主导作用,促进高等学校、职业院校与行业企业深化产教融合。鼓励中国优质职业教育配合高铁、电信运营等行业企业走出去,探索开展多种形式的境外合作办学,合作设立职业院校、培训中心,合作开发教学资源和项目,开展多层次职业教育和培训,培养当地急需的各类"一带一路"建设者。整合资源,积极推进与沿线各国在青年就业培训等共同关心领域的务实合作。倡议沿线国家之间开展高水平合作办学。

实施"丝绸之路"师资培训推进计划。开展"丝绸之路"教师培训,加强先进教育经验交流,提升区域教育质量。加强"丝绸之路"教师交流,推动沿线各国校长交流访问、教师及管理人员交流研修,推进优质教育模式在沿线各国互学互鉴。大力推进沿线各国优质教学仪器设备、教材课件和整体教学解决方案输出,跟进教师培训工作,促进沿线各国教育资源和教学水平均衡发展。

实施"丝绸之路"人才联合培养推进计划。推进沿线国家间的研修访学活动。鼓励沿线各国高等学校在语言、交通运输、建筑、医学、能源、环境工程、水利工程、生物科学、海洋科学、生态保护、文化遗产保护等沿线国家发展急需的专业领域联合培养学生,推动联盟内或校际教育资源共享。

(三)共建丝路合作机制

加强"丝绸之路"人文交流高层磋商。开展沿线国家双边多边人文交流高层磋商,商定"一带一路"教育合作交流总体布局,协调推动沿线各国建立教育双边多边合作机制、教育质量保障协作机制和跨境教育市场监管协作机制,统筹推进"一带一路"教育共同行动。

充分发挥国际合作平台作用。发挥上海合作组织、东亚峰会、亚太经合组织、亚欧会议、亚洲相互协作与信任措施会议、中阿合作论坛、东南亚教育部长组织、中非合作论坛、中巴经济走廊、孟中印缅经济走廊、中蒙俄经济走廊等现有双边多边合作机制作用,增加教育合作的新内涵。借助联合国教科文组织等国际组织力量,推动沿线各国围绕实现世界教育发展目标形成协作机制。充分利用中国-东盟教育交流周、中日韩大学交流合作促进委员会、中阿大学校长论坛、中非高校20+20合作计划、中日大学校长论坛、中韩大学校长论坛、中俄大学联盟等已有平台,开展务实教育合作交流。支持在共同区域、有合作基础、具备相同专业背景的学校组建联盟,不断延展教育务实合作平台。

实施"丝绸之路"教育援助计划。发挥教育援助在"一带一路"教育共同行动中的重要作用,逐步加大教育援助力度,重点投资于人、援助于人、惠及于人。发挥教育援助在"南南合作"中的重要作用,加大对沿线国家尤其是最不发达国家的支持力度。统筹利用国家、教育系统和民间资源,为沿线国家培养培训教师、学者和各类技能人才。积极开展优质教学仪器设备、整体教学方案、配套师资培训一体化援助。加强中国教育培训中心和教育援外基地建设。倡议各国建立政府引导、社会参与的多元化经费筹措机制,通过国家资助、社会融资、民间捐赠等渠道,拓宽教育经费来源,做大教育援助格局,实现教育共同发展。

开展"丝路金驼金帆"表彰工作。对于在"一带一路"教育合作交流和区域教育共同发展中做出杰出贡献、产生重要影响的国际人士、团队和组织给予表彰。

五、中国教育行动起来

中国倡导沿线各国建立教育共同体,聚力推进共建"一带一路",首先需要中国教育领域和社会各界率先垂范、积极行动。

加强协调推动。加强国内各部门各地方的统筹协调工作,有序开展"一带一路"教育合作交流。推动中国教育治理体系完善、相关法律法规修订和教育综合改革,提升中国开展"一带一路"教育行动的质量和水平。教育部与国家发展改革委、外交部、商务部等部门和全国性行业组织紧密配合,围绕共建"一带一路"大局,寻找合作重点、建立运行保障机制,畅通教育国际合作交流渠道,对接沿线各国教育发展战略规划。

地方重点推进。突出地方推进共建"一带一路"的主体性、支撑性和落地性,要求各地发挥区位优势和地方特色,抓紧制订本地教育和经济携手走出去行动计划,紧密对接国家总体布局。有序与沿线国家地方政府建立"友好省州""姊妹城市"关系,做好做实彼此间人文交流。充分利用地方调配资源优势,积极搭建海内外平台,促进校企优势互补、良性合作、共同发展。多措并举,支持指导本地教育系统与"一带一路"沿线国家广泛开展合作交流,打造教育合作交流区域高地,助力做强本地教育。

各级学校有序前行。各级各类学校秉承"己欲立而立人"的中国传统,有序与沿线各国学校扩大合作交流,整合优质资源走出去,选择优质资源引进来,兼容并包、互学互鉴,共同提升教育国际化水平和服务共建"一带一路"能力。中小学校要广泛建立校际合作交流关系,重点开展师生交流、教师培训和国际理解教育。高等学校、职业院校要立足各自发展战略和本地区参与共建"一带一路"规划,与沿线各国开展形式多样的合作交流,重点做好完善现代大学制度、创新人才培养模式、提升来华留学质量、优化境外合作办学、助推企业成长等各项工作的协同发展。

社会力量顺势而行。开展更大范围、更深层次、更高水平的"一带一路"教育民间合作交流,吸纳更多民间智慧、民间力量、民间方案、民间行动。大力培育和发展我国非营利组织,通过购买服务、市场调配等举措,大力支持社会机构和专业组织投身教育对外开放事业,活跃民间教育国际合作交流。加快推动教学仪器和中医诊疗服务走出去步伐,支持企业和个人按照市场规则依法参与中外合作办学、合作科研、涉外服务等教育对外开放活动。企业要积极与学校合作走出去,联合开展人才培养、科技创新和成果转化,积极服务"一带一路"国家经贸发展。

助力形成早期成果。实施高度灵活、富有弹性的合作机制,优先启动各方认可度高、条件成熟的项目,明确时间节点,争取短期内开花结果。2016年,各省市制订并呈报本地"一带一路"教育行动计划,有序推进教育互联互通、人才培养培训及丝路合作机制建设。2017年,基于三方面重点合作的沿线各国教育共同行动深入开展。未来3年,中国每年面向沿线国家公派留学生2500人;未来5年,建成10个海外科教基地,每年资助1万名沿线国家新生来华学习或研修。

六、共创教育美好明天

独行快,众行远。合作交流是沿线各国共建"一带一路"教育共同体的主要方式。通过教育合作交流,培养高素质人才,推进经济社会发展,提高沿线各国人民生活福祉,是我们共同的愿望。通过教育合作交流,扩大人文往来,筑牢地区和平基础,是我们共同的责任。

中国愿与沿线各国一道,秉持开放合作、互利共赢理念,共同构建多元化教育合作机制,制定时间表和路线图,推动弹性化合作进程,打造示范性合作项目,满足各方发展需要,促进共同发展。

中国教育部倡议沿线各国积极行动起来,加强战略规划对接和政策磋商,探索教育合作交流的机制与模式,增进教育合作交流的广度和深度,追求教育合作交流的质量和效益,互知互信、互帮互助、互学互鉴,携手推动教育发展,促进民心相通,构建"一带一路"教育共同体,共创人类美好生活新篇章。

后　记

本书是张德祥教授主持的中国高等教育学会高等教育科学研究"十三五"规划重大攻关课题"'一带一路'国家高等教育政策法规研究"(16ZG003)的研究成果。

本书由张德祥教授和李枭鹰教授负责总体规划、设计和架构,确定编译的主旨与核心,组织人员搜集、选取、翻译和整理印度尼西亚、东帝汶的相关教育政策法规,最后审阅书稿。《印度尼西亚共和国国民教育法》由广西民族大学教育科学学院的王喜娟教授编译;《印度尼西亚共和国高等教育法》由向佳桦编译;《东帝汶国家教育战略计划(2011—2030年)》由李枭鹰、齐小鹍、彭晓帆、阮红梅、郑佳编译。全书最后由李枭鹰、王喜娟、齐小鹍负责统稿和定稿。

课题组